解密榜样

——华东理工大学典型人物报道集（第二辑）

夏江雯　主　编
房树芬　副主编

華東理工大學出版社
EAST CHINA UNIVERSITY OF SCIENCE AND TECHNOLOGY PRESS
·上海·

图书在版编目（CIP）数据

解密榜样：华东理工大学典型人物报道集．第二辑／夏江雯主编．—上海：华东理工大学出版社，2019.10

ISBN 978-7-5628-6014-3

Ⅰ.①解… Ⅱ.①夏… Ⅲ.①华东理工大学—校友—先进事迹 Ⅳ.①K820.7

中国版本图书馆CIP数据核字（2019）第189059号

内容提要

本书为《解密榜样》系列第二辑，总体分为教师和学生校友两大模块。教师篇包括教书育人、科研育人、管理育人、服务育人及思政党建、公益志愿等不同类型的教工典型，学生校友篇则包括励志成才的学霸、创新创业达人、公益志愿明星及校园牛人等人物典型。其中，既有长期坚守教学一线、科研教学齐头并进的"全国高校黄大年式教师团队"——工科化学系列课程创新教育团队，也有改革开放同龄人、服务健康中国战略"新药"开拓者李剑教授；既有在学校帮扶下"华理"转身的首届"励志计划"毕业生，也有问鼎全国室内田径锦标赛总决赛冠军的"飞人"许周政……本书聚焦典型人物成长的关键节点，以真实的情感体会及切实可行的经验，勉励和助力更多的师生校友，以及社会人士与祖国同向同行。

在讲述典型人物故事的基础上，本书还特别设计"心语思"版块，由受访者抒写所感所悟，勉励更多的师生校友及社会人士不懈进取、超越自我。

策划编辑／刘　军
责任编辑／秦静良
装帧设计／王　翔
出版发行／华东理工大学出版社有限公司
　　　　地址：上海市梅陇路130号，200237
　　　　电话：021-64250306
　　　　网址：www.ecustpress.cn
　　　　邮箱：zongbianban@ecustpress.cn
印　　刷／江苏凤凰数码印务有限公司
开　　本／710 mm×1000 mm　1/16
印　　张／15.75
字　　数／247千字
版　　次／2019年10月第1版
印　　次／2019年10月第1次
定　　价／58.00元

编委会名单

主　　编　夏江雯

副 主 编　房树芬

编委会成员　张　婷　胡　兵　卞　慧

王　静　李铁军　李　强

石　翎　刘稳风　林　璐

前　言

习近平总书记强调，伟大时代呼唤伟大精神，崇高事业需要榜样引领。在落实立德树人根本任务、加快建设社会主义一流大学的过程中，华东理工大学积极营造以文化人、以文育人的良好氛围，不断提升立德树人工作的温度与效度。党委宣传部坚持扎根基层、面向一线，切实构建先进典型的协同发掘、融和传播、示范辐射等三大机制，注重以近在身边、可学可比的人物作为榜样，引领广大师生奋斗新征程，建功新时代。

真实的优秀最能打动人。本书即以 2018 年以来关于我校师生人物典型的报道为主体，其中，既有长期坚守教学一线、科研教学齐头并进的“全国高校黄大年式教师团队”——工科化学系列课程创新教育团队，也有改革开放同龄人、服务健康中国战略的“新药”开拓者李剑教授；既有在学校帮扶下“华理”转身的首届“励志计划”毕业生，也有问鼎全国室内田径锦标赛总决赛冠军的“飞人”许周政……不管是勤奋耕耘在教学、科研、管理、服务一线的教职员工典型，还是砥砺成才、锐意创新、热心公益的学生典型，他们的故事，看似平凡、简单，却映射出众多优秀华理人为梦想而付出的奋斗与坚守。

2018 年《解密榜样》（华东理工大学典型人物报道集 2014—2017）出版后，受到了众多师生校友和社会读者的极大好评。例如，有人在学校官微相关内容后留言：“这些师生榜样都是优秀的先行者、领头人，华理这个孕育无数优秀人才的校园，是我心之所向。”还有校友专程赶回母校参加该书内容的线下分享活动，为自己心目中的好老师点赞……这股温暖的力量，激励我们继续努力，用善于发现的眼睛，挖掘更多优秀师生校友身上的闪光点，真实、生动地记录他们的真善美，引燃更多人心中的激情和梦想。

本书为《解密榜样》系列的第二辑，以近两年部分师生校友典型的采访报道为主体，并设计“心语思”版块，由受访者本人撰写，抒发个人的所感所悟，希冀以真实的情感及切实可行的经验，勉励更多的师生校友以及社会人士与祖国同心同向同行。

先进典型是有形的正能量，也是鲜活的价值观。以榜样为镜，可以让我们感知自身差距与不足；以榜样为旗帜，可以指引我们前行的方向，给予我们前进的力量。值中华人民共和国成立 70 周年暨华东理工大学建校 67 周年之际，谨以此书向祖国和华理献礼。让我们一起向榜样看齐，与榜样同行，做新时代的追梦人。

目　录

科研的最大魅力是探索未知

——记新增中国科学院院士、华东理工大学副校长刘昌胜教授①

人物名片：刘昌胜，自1992年起在华东理工大学先后任助教、讲师、副教授、教授、博士生导师。2009年12月至2015年11月任华东理工大学材料科学与工程学院院长；2015年7月至2019年5月任华东理工大学党委常委、副校长；2017年11月当选中国科学院院士；2019年6月起任上海大学校长。长期从事生物材料研究。发表SCI论文270余篇，出版中、英文著作（教材）4部；获授权发明专利40项，其中美国授权专利4项。以第一完成人先后获得国家自然科学奖二等奖、国家科技进步奖二等奖等。②

“古之立大事者，不惟有超世之才，亦必有坚忍不拔之志。”这句出自苏轼《晁错论》的话，用来形容新当选为中国科学院（简称“中科院”）院士的刘昌胜一点也不为过。

---

① 《上海科技报》记者谢春燕采写。

② 本书各篇“人物名片”中所引用的数字为最新数据，与正文中在相关媒体上发表时使用的数字有所差别，后者仍存其旧。下同。

见到刘昌胜时，他正坐在办公室的沙发上，埋首于手机处理着事务，茶几上摆着两只空饭盒。科研院的孙凯文老师一边接待我们一边说：“刘副校长刚刚结束上午的会，才吃过饭。”而此时已近下午 2 点钟。同时身兼教师、副校长的刘昌胜，每天从早上 8 点多到学校开始工作，一直到晚上近 11 点回家，每一分钟于他而言都非常宝贵。在短短 1 个多小时的接触中，记者能够深切地感受到其目标清晰、行事利落的做事风格，这可能正是他在科研路上能够取得累累硕果的原因所在。

不忘初心，砥砺前行

从当初就读生物化工专业到后来聚焦生物材料领域，从成名作“人工骨”到提出“材料生物学”新概念，为指导组织再生材料的研究与应用开辟新领域、新方向，从事科研工作二三十年，即已在其主要研究方向生物材料方面，获授权发明专利 38 项，出版中、英文著作（教材）4 部，发表 SCI 论文 201 篇，一

路走来，刘昌胜始终目标明确。在他看来，一件事情要做成、做好，有两点不可或缺——目标和精神。他说："习近平总书记在全国'科技三会'上提出的'广大科技工作者要把论文写在祖国的大地上，把科技成果应用在实现现代化的伟大事业中'，是一个非常好的目标，为我们指明了方向。"

为了让自己的研究目标定位更精准、清晰，更好地切合临床需求，刘昌胜的工作地点不仅在实验室、办公室，有时是"泡"在医院，与医生深入交流沟通。他说："我们这些拥有化工和生物背景的人做生物材料研究，虽然可以做出很多'产品'，但是否能与临床结合，是不是医生所需，这中间有个缺口。只有去和医生交流，了解他们的需求，并将其转化为科学问题和关键技术问题进行攻关，这个缺口才能填平。"令他印象最深的是最初与上海中山医院陈中伟院士合作时，老先生带着他在全国各地跑，与医生进行交流、做报告。对刘昌胜来说，那些年的经历是最好的锻炼，对其科研成果转化推广也起到了很大的帮助。"科研成果要服务于应用，需要接力棒的层层传递。一旦下一棒接不上了，身处上游的科研人员应主动跨前一步，填补脱离的环节，这样才能实现成果的转移，也才能让成果凸显价值，最终实现科研工作的初心。"这是他对科研成果的推广应用和产业化的独到理解。

做科研是在探索未知的领域，面临着许多不可预测的挑战，在很多情况下是非常枯燥的工作，走这条路是个需要抵抗外界诱惑、耐受坐冷板凳的过程。刘昌胜认为，唯有理想与信念可以战胜困难，要有矢志不渝的精神，不忘初心，砥砺前行。做科研，同时还要经受住重重压力。他认为，每个人在不同的人生阶段会有不同的压力，适当的压力可以让人进步，而如何化压力为动力则是一种需要锻炼的能力。他相信，这种能力的培养会让人变得更加坚韧，更加成熟，能够从容、自信地应对今后人生的各种考验。

注重"传道、授业、解惑"的结合

桃李不言，下自成蹊。2000 年，刘昌胜受聘为华东理工大学材料科学与工程学院生物材料研究所所长，并担任博士生导师。作为一名高校教师，他觉得自己的第一职责就是培养人才，培养人才也是对社会最大的贡献，其关键点就是“为人师表”。他说：“本科生和研究生的培养方式不一样，前者较多通过上课和实验等形式教授知识，而后者更像是师傅带徒弟，学生在老师的指导下，与老师一起开展具有创新性、挑战性的科研工作，在实践中不断学习、培养能力，将学习的知识融会贯通。因此，老师的一言一行、一举一动在有形无形中就成了学生关注的目标。”

在教学过程中，他非常注重“传道、授业、解惑”的结合，不仅要教书，更要育人，就好像教育家乌申斯基说的“教师个人范例，对于青年人的心灵，是任何东西都不能代替的最有用的阳光”。

在谈及如何向学生传授“创新秘籍”时，刘昌胜表示，科研的最大魅力就是探索未知的世界。从某种层面来讲，这个世界对大家来说是一样的，在同一起跑线上。当然，老师训练有素、有经验，而大部分学生在创新方面是一个新手，其中的科研基本素养训练就显得尤为重要，包括如何设计实验、如何做实验、如何做实验记录等。而研究工作本身需要有创新思路，立题和创新的切入

点是成功的重要因素，因此，老师对学生选择什么样的题目、从哪方面入手的指导均能发挥关键作用。

获奖，只是“爬坡”过程中的一种鼓励

在华东理工大学材料科学与工程学院的一间会议室里，有一排靠墙的柜子，满柜的证书和奖状见证了刘昌胜这二三十年科研之路上所取得的骄人成绩。他先后荣获国家自然科学奖二等奖、国家科技进步奖二等奖（均排名第一）以及何梁何利基金科学与技术创新奖、上海市青年科技杰出贡献奖、中国青年科技奖、上海市先进工作者等奖励或荣誉称号。

面对如此之多的荣誉，刘昌胜显得十分淡然。他说：“做科研首先不是为了获奖。”在他的观念中，做科研的目标就是探索未知世界、解决关键问题、服务社会。而各种奖项的设置体现了国家、政府对科技人员的期望及支持——在不同的阶段设立不同的奖励，以此激励科技工作者在“爬坡”的过程中直面困难，并给予他们精神上的鼓励，同时在社会上树立尊重科技的良好氛围。刘昌胜曾先后获得由上海市科协设立的上海市青年科技英才和上海市科技精英荣誉。对于这样一份特殊的情缘，他说：“市科协作为科技工作者之家，为科技工作者服务，为科技工作者着想，在不同的层级、时期设立不同的奖项来鼓励科技工作者，虽然能获奖的毕竟是少数，但这些奖项的设置非常重要，起到了激励和示范作用。”

（本文原载于2018年1月28日《上海科技报》）

【心语思】

其一，做科研，研究目标要清晰。一定要瞄准科学前沿，或紧扣国家重大需求。特别是对于生物材料研究，要面向临床的治疗需求，将涉及重要疾病治疗的关键科学或技术问题作为研究目标。只有这样，研究工作才会有突出的意义，我们才能从中获得真正的、发自内心的快乐。

其二，做学问，要有定力。科研是探索未知的领域，存在许多未知因素，过程非常艰难。一定要有定力，能耐得住寂寞，抵制周围的诱惑，并坚持不懈。科研过程就像持续爬山。刚开始爬的时候新鲜，后来就没有快乐了，会感到单调、枯燥，没有尽头。只有你不懈坚持爬到山顶时，才能感受到它给你带来的愉悦与享受。

其三，培养人才是关键。科技创新的竞争力在于人才的竞争力，科研事业也需要人才去传承。学生是我们的未来，也是科研事业希望之所在。培养人才是科研工作者的重要使命。要为他们的成长创造良好的学术环境，培养他们的创新精神和思维。

唯有用心方不负三尺讲台

——记华东理工大学材料科学与工程学院唐颂超教授①

人物名片： 唐颂超，华东理工大学材料科学与工程学院党委书记、材料国家级实验教学示范中心主任、国家精品课程和上海市精品课程负责人；先后3次获得上海市教学成果一等奖，曾获上海市育才奖、宝钢教育奖、上海市模范教师、上海市教学名师、国家级教学名师等荣誉。

“讲课很生动，有感染力”“认真负责，思路清楚，教学方式新颖”……学生们如此评价他。“爱岗敬业，兢兢业业”“认真负责，勇于奉献”……同事们如此评价他。上海市模范教师、上海市育才奖、上海市教学名师、宝钢优秀教师奖、华理首届张江树教学名师奖……他从教近40年来获得过的很多荣誉都与“讲台”有关。

三尺讲台就是他的人生舞台。在这个舞台上，唐颂超教授找到了人生价值的坚实坐标。“人的能力有高有低，但认真总是可以做出一点事情来。”唐颂超

① 记者李强采写。

将取得如今的成绩归结为用心的结果，“不管哪个工作都要用心做，花时间去做”。

为人：淡泊名利，尽职尽责

1978年，唐颂超成了恢复高考后的第二批大学生，考入华东化工学院（华东理工大学前身）就读高分子化工专业，自此与华理结缘40余载。1982年，唐颂超留校任教，从助教、讲师、副教授到教授，从教研室主任、系主任、院长助理、副院长再到学院党委书记，他始终坚持“认真”“做个有心人”。

教学、科研、行政一肩挑，其忙碌可想而知，但是唐颂超却能样样是把“好手”。“这可能与自己什么事情都追求完美有关。”他哪怕写一个报告，排版、标点符号都要很整齐，写电子邮件也要很规范，字体大小、行间距等都要完美。

唐颂超这种事事细心到完美的性格让他在工作岗位上尽职尽责，“很多时候，看着好像自己就有这个责任”。在他看来，做高校教育工作，尤其是教学和行政工作，总是要有一些奉献精神才行。“如果只为自己的利益着想，有些事情会很难做。做学院的教学管理工作，必定会牺牲一些个人的时间，但是工作总要有人来做。”

20世纪90年代末，唐颂超参加了一个专业的教育部高等学校教学指导委员会（简称“教指委”）会议，发现华东理工大学高分子材料专业的人不在教指委里。“我想这不行。后来我就什么都要参加，尽量都要体现出来。”他当时就跟教指委主任主动请缨，要在实验方面做些事情。每次参加教指委组织的会议，他都会积极介绍华理高分子材料专业相关情况。“后来我们就在教指委占有了一席之地。”他认为，既然做了，就应该担负起责任来，事事还要“做得完美些”。

教师大计，师德为本，而师德之关键在责任。教师是一份“忘我”的职业，只要选择了教师这个职业，教书育人就永远是第一位的。老师的一句话，可能改变学生的一生。唐颂超对待学生就像对待他的孩子一样，觉得自己有责任关心学生的方方面面。这个担子可不轻，而唯有认真、用心才对得起这份“不轻”。“每个人的一天都是24小时，做什么事都不是难的，关键在于是否认真，

是否重视。”

在责任和奉献中，唐颂超找到了高校教育工作者的那份荣光和自豪。

为师：以生为本，精益求精

如果说三尺讲台是一个舞台，那么教师就是舞台上的演员。如何让学生喝彩，不仅需要教师本身的感染力，更要懂得运用学生喜闻乐见的方式开展教学。

教授高分子材料成型加工课程30余年，课时增增减减，但唐颂超始终会根据不同学生的认知水平和学习能力，选择适合学生特点的学习方法来开展有针对性的教学。每年选课时，唐颂超教授的课程都是一项大热门。这就是因为他的课注重启发式教学与多媒体互动教学，寓教于乐，让学生既能掌握基础知识，又懂得如何思考问题、分析问题。

在做科研的过程中，遇到跟课程相关的录像、动画、图片，唐颂超就会收集起来放到课件里面，以求让授课内容形象化。在教学模式上，他一直紧跟前沿，从兴趣小组到小班化、分小组做专题报告，要求多人一组相互配合查文献、写报告。在他主持的国家级精品课程高分子材料工程实验课中，唐颂超建立了实验课程网站，编制每个实验的多媒体课件，先后设计开发了 8 个综合性工程实验项目及设计（创新）型实验，要求学生自己设计、制定实验方案，并最后进行答辩。

“学生在校时学有所获，毕业后学有所用，那便是我们作为老师最感到欣慰的地方。”在教学方法上，他强调高分子材料的工程特征，将高分子材料制品性能与加工过程所产生附加性质的关系的主题思想贯穿于教学过程。为了让学生不是从书本到书本地学习，而是能更直观地了解设备运行的过程，唐颂超会想方设法地通过各种渠道带学生走出课本，走出校门，或在实验室进行现场教学，或组织参观国际橡塑展览会等展览，或带领学生走入企业进行实践教学。

“如何从学生角度多加考虑，让学生学到知识，让学生听懂，这才是重点。”多年来，唐颂超坚持以学生为中心来把握课程目标，完善教学大纲，提高教学质量，最终从学生的角度出发进行课程建设，以学生是否学到知识、是否能够

分析工程问题为考核标准，努力让学生全方位地掌握教学内容。

“坚持精益求精、常讲常新，努力把课讲得更深更透”，是唐颂超对自己的要求，而学生收获的是“每次上课都有一种新鲜感、兴奋感”。

为学：教改先锋，甘为人梯

百年大计，教育为本。新时代对高等教育提出了新的课题。高校怎样才能培养适合新时代的人才？这是唐颂超一直在思考的问题。“世界范围新一轮科技革命和产业变革发展迅猛，需要我们不断地更新教育教学理念，鼓励教师探索新的教育教学方法，激发学生的学习兴趣和潜能，从而培养出适应新时代的高素质创新型人才。”

一流大学、一流学科的建设离不开课程教材体系的建设。30 多年来，唐颂超对课程教学体系和教学方法进行持续改革和实践，加强专业精品课程建设，并将工程教育内容融入课程教学中，强化工程教育内涵，进一步完善体现工程特色的高分子材料工程课程体系。

2000 年，唐颂超主编的教材《高分子材料成型加工》首次出版，如今已是第三版。他利用 3 次主编专业教材的契机，认真梳理更新教学内容，以“高分子材料—成型加工—材料制品性能”为主线，增加部分生产的实例及案例分析，培养学生的工程能力和分析问题能力。该教材曾获上海市优秀教材一等奖、轻工业优秀教材奖。现今全国 100 多所高校在使用该教材，一年印刷两次，这种印刷量在专业课本中也是十分少见的。

除了教材，唐颂超重点建设了高分子材料专业的实验课程。他将高分子化学、物理、成型加工实验组合起来建设，培养学生的动手能力、工程能力及创新意识，重点突出高分子专业的特色。该课程在 2010 年获评国家精品课程，当时是全国 300 多所高校中唯一一门获评为国家精品课程的实验课。依托该实验课程而形成的经验，连续 3 届获评上海市教学成果奖一等奖。华东理工大学材料实验教学中心也在 2008 年被评为上海市实验中心，2012 年被评为国家级实验教学示范中心。

教育大计，教师为本。高水平的教师队伍是提高教学质量、培养高素质人才的重要保证。独乐乐不如众乐乐，在教学教研取得显著成绩的同时，唐颂超甘为人梯，把从教以来的宝贵经验毫无保留地传授给青年教师。

作为材料类专业青年教师教学能力培训基地的负责人，唐颂超全面制订和实施了青年教师教学能力培训方案，从教学课件制作、教学方法和手段创新等方面，对青年教师进行指导，并通过课程、教材、实验、专业等建设，引导中青年教师传承教学团队教学理念和教学特色。团队成员均能独立承担核心课程的教学，分别形成了由 8 人和 5 人组成的优秀教学梯队，并已有 3 名青年教师晋升为教授。团队所授的专业核心课程已全部成为优质课程，其中国家级精品课程 2 门、上海市级精品课程 3 门、上海市重点课程 1 门。

在唐颂超眼里，作为一个大学教师，要执着于教书育人，有热爱教育的定力、淡泊名利的坚守，而作为“双肩挑”的干部，要有勇于奉献的精神，要做好牺牲一切利益的准备。唐颂超在华理执教的近 40 年韶华就是最好的印证。

（本文原载于 2019 年 3 月 18 日华东理工大学新闻网）

【心语思】

作为大学教师，要执着于教书育人，有热爱教育的定力、淡泊名利的坚守，而作为“双肩挑”的干部，要有勇于奉献的精神，要做好牺牲一切利益的准备。

不管哪个工作都要用心做，花时间去做。人的能力有高有低，但认真总是可以做出一点事情来的。

学生在校时学有所获，毕业后学有所用，那便是我们作为老师最感到欣慰的地方。

薪火相传　教研互动　真情育人

——记华东理工大学工科化学系列课程创新教育团队①

人物名片：2018 年入选首批“全国高等学校黄大年式教学团队”，曾获上海市教学成果奖一等奖 2 项，团队由化学与分子工程学院刘洪来教授领衔，成员来自工科化学系列课程教学一线，这是一个以教学与科研并重为特色、中青年教师为主的高水平教学团队，其中包括宝钢优秀教师奖 4 人，张江树教学名师奖 1 人，上海市科技精英提名奖 1 人，上海市曙光学者 2 人，上海市东方学者 1 人。

由中科院院士胡英、田禾担任顾问，国家级教学名师黑恩成教授带教，刘洪来教授带队的工科化学系列课程创新教育团队科研与教学齐头并进，长期坚守教学一线，真情关爱学生成长成才，日前光荣获评“全国高校黄大年式教师团队”。

这个团队由 9 名教授和 1 名副教授组成，他们是刘洪来、张文清、彭昌军、徐志珍、伍新燕、胡坪、徐首红、刘劲刚、尚亚卓和罗千福，其中，获张江树

① 记者石翎采写。

教学名师奖 1 名，宝钢优秀教师奖 4 名。他们同时还“传、帮、带”着一批青年教师积极投身于教育事业。团队成员全都拥有博士学位，摘得过不少科研与教学方面的奖项，是一支与时俱进的高水平教育团队。

教授坚守教学一线

每年完成 96 学时以上的本科课堂教学，多年来，团队负责人刘洪来以及团队成员们传承前辈的优良传统，始终坚守在本科教学第一线。例如，刘洪来每周都花费整整两天时间在奉贤校区为本科生上课，张文清承担了 2 门上海市级精品课程，彭昌军 2017 年完成了 192 学时的本科课堂教学，徐志珍每年的教学工作量在学院排名前 3……

经过多年的积累与努力，目前，团队已拥有 2 门国家级精品资源共享课程、5 门上海市级精品课程、1 门上海市慕课课程，建设了国家级化学化工实验教学中心、国家级化学化工虚拟仿真实验教学中心。团队重视教学规律的研究，近 5 年来共完成国家级、市级与校级教改项目 30 余项，获 2008 年上海市教学成果奖一等奖 2 项，出版教材、参考书目 50 余部，发表教学论文 80 余篇。

教学科研强强联合

教学与科研两条腿走路，这已是团队建设根深蒂固的理念了。徐首红说，刘洪来老师十分鼓励教师们从事科研工作。而她自己在坚持做科研的过程中不断更新教学内容，人也更加自信了。原来觉得在课堂上讲抽象的化学势有点枯燥难懂，但与企业合作搞研发后，再在课堂上讲化学势时，她就自然而然地将香水研发的案例引入课堂，能够生动地将概念介绍给学生了。多年坚持从事教学改革与研究的彭昌军介绍，科研能够为教学带来更多的活力。他说，团队已将一些较为新颖与成熟的科研成果引入了本科教学。

张文清表示，团队始终坚持教学和科研一起抓，承担了包括“973”“863”及国家自然科学基金等国家科研任务和企业合作研究项目，近 5 年获国家科技进步二等奖 1 项、省部级科技进步一等奖 1 项。在此基础上，团队坚持将科研成果编入教材、带入课堂、引入实验室。比如，在编撰国家级“十二五”规划教材《物理化学》（第六版）时，便结合前沿科研成果，增加了涉及环境、材料、能源和纳米科学的实例，如反渗透、量子纠缠、密度泛函理论等。团队成员的研究成果也在教材中有所体现，如新版《物理化学》教材中出现了 LB 膜、离子液体、双子表面活性剂、计算机模拟等新概念。同时，他们还从科研项目中提炼了 10 余个特色专业实验应用于实验教学之中。

创新教育倾心倾力

学生在校期间做的研发项目最终得到产业化并在社会上得到成功应用，获得了近 300 万元/年的利润，这并非天方夜谭，而是华理毕业生的真实经历。

目前就读于华理的研究生吴梦琪介绍，她的师兄曾在张文清老师的指导下成功地完成一项创新实践项目并真正实现了造福社会。而吴梦琪也于大学二年级时便申报了大学生创新创业训练计划项目，在张文清的指导下，一路经由学校的“奋进杯”赛挺进了上海市的“挑战杯”赛，最终斩获上海市第八届“挑战杯”大学生创业计划竞赛银奖。吴梦琪表示：“在竞赛中，我们得到了全方位的锻炼，除了技术创新外，我们还学习了如何组建团队，如何进行商业策划，如何进行宣传展示，如何做 PPT，如何进行答辩，等等。最终，我们的综合素质得到了提升。”

重视创新创业教育，是团队建设的又一大亮点。通过校校、校地、校企的创新创业协同育人机制，团队设计了基于两校区办学的“五位二体”“三阶递进”的创新创业教育体系，由创新实践平台、竞赛平台、大型仪器培训平台、虚拟仿真实验教学的平台以及创业实战平台组成。在学院教师的配合下，近 3 年来，共有 1 500 余人次参加了各类创新实践活动，仅大学生创新创业训练计划项目立项就有近 200 项，本科生以第一作者发表论文 18 篇，参与论文 60 余篇，获得专利 5 项，荣获市级以上竞赛奖项 30 余项。

除此之外，团队成员经常面向社区开展各项活动，常年为附近的中学提供支持，积极出谋划策，协助中学完成化学实验室的建设。徐首红老师领衔与徐汇区青少年活动中心签署合作协议，为中心的中小学生科创活动提供指导，每

年接收上海市世外中学学生前来进行科研活动，每年为社区中小学生开设化学系列知识讲座2次，带领小朋友进行趣味化学小实验、小竞赛等活动，以一颗赤诚的心感恩社会、回馈社会、服务社会。

无论是新生入学时、本科生和研究生课堂上，还是课后答疑、创新实践，抑或学术交流中，都能见到工科化学系列课程创新教育团队各位教授们的身影，他们或是披星戴月地奔波于教学、科研与管理工作之中，或是夜半时分仍在为同学们答疑解惑，或是埋首于教学改革与探索实践中，或是悉心栽培与指导青年教师……教育事业永远离不开“奉献”二字，如今，他们依然在各自的岗位上为学生的成长付出着。

（本文原载于2018年2月9日华东理工大学新闻网）

【心语思】

团队充分发挥教学名师的示范作用，以名师的影响力带动团队建设，将教学经验与奉献精神薪火相传。团队成员均活跃在本科教学第一线，以四大基础化学课程为抓手，坚持“立德树人”的基本原则，善于将理论教学与实践教学相结合，将创新创业教育融入人才培养体系，倾力培养学生的创新实践意识和创新实践能力。团队注重教学与科研齐头并进，承担了多项包括“973”“863”及国家自然科学基金等在内的国家科研任务和企业合作研究项目，并将科研成果转化为教学内容。

团队始终胸怀“心有大我、至诚报国”的爱国情怀，以黄大年、钟扬等新时代优秀知识分子为榜样，将全部精力投身于新时代的人才培养，奉献给新时代的教育事业。

以“智”为引，做石化工业智能优化制造领域的攻坚者

——记上海市Ⅰ类高峰学科复杂化工过程系统集成与优化方向团队①

人物名片：信息科学与工程学院复杂化工过程系统集成与优化方向研究团队，由中国工程院院士钱锋教授担任学科（方向）团队负责人，以对接国家重大战略，面向炼化一体化整体效益最大化的运行优化，探索解决企业重大需求为目标。过去的几年中，团队在上海市Ⅰ类高峰学科第一阶段建设中取得了系列成果——新增石油化工行业智能优化制造学科创新引智基地（“111 引智计划”）1 项；科研到款经费近 5 000 万元；申请专利或著作权 57 项；项目成果应用新增利税 20 余亿元；获得省部级科技成果一等奖和二等奖 8 项；在相关领域发表论文约 340 篇。

三年时间，新增中国工程院院士 1 名、国家杰出青年科学基金获得者 1 名、“长江学者奖励计划”特聘教授 1 名、国家优秀青年科学基金获得者 1 名，新增

---

① 记者凝聚采写。

“111 引智计划”基地 1 项；科研到款经费近 5 000 万元，申请专利或著作权 57 项，项目成果应用新增利税 20 余亿元，获得省部级科技成果一等奖和二等奖 8 项，在相关领域发表论文约 340 篇……这样一份出色的“成绩单”，是华东理工大学信息科学与工程学院复杂化工过程系统集成与优化方向研究团队在上海市 I 类高峰学科第一阶段建设中造就的。

“新一代人工智能发展规划”目标对高校科学研究提出了更高的要求。“要将传统制造业与人工智能深度融合，这也正是我们团队努力的目标。”学科（方向）团队负责人钱锋院士认为，对接国家重大战略，面向炼化一体化整体效益最大化的运行优化，探索解决企业重大需求，具有十分重要的意义。

以“智”为引，携手谋“化”未来

提高生产制造水平和效能，是解决资源、能源与环保重大问题的关键，也意味着我国石化工业必须从局部、粗放的生产与管理模式向全流程、精细化模式发展。

“紧密围绕国民经济建设的重大需求，与企业密切合作，将行业实际需求作为科技创新的原动力”，学科（方向）团队成员、信息科学与工程学院院长杜文莉教授牵头的项目“乙烯装置高附加值产品最大化的优化控制技术”，紧扣乙烯工业“龙头”——裂解生产过程，从“裂解机理建模—原料负荷优化—过程运行优化”出发，研究开发了乙烯裂解炉炉管内裂解反应与炉膛热量传递的耦合建模与模拟技术、裂解炉炉群原料与负荷优化配置技术等。

通过装置运行过程的实时优化控制实现原料组成、裂解炉运行特性变化等不确定性条件下的装置效益最大化，该项目为乙烯装置高效运行提供了具有自主知识产权的优化控制技术和软件，相关成果陆续在中国石化扬子石化、上海石化、镇海炼化等我国 6 套百万吨级大型乙烯装置的 76 台裂解炉（全国占比 37.5%）上成功应用，首次实现了对裂解炉群在不同操作条件下的集成优化，斩获 2016 年度教育部科技进步一等奖。

以“智”为引，探索将具有自主知识产权的核心技术应用于工业装置，提升其运行水平，学科（方向）团队研究成果可谓是“遍地开花”：钱锋院士领衔

的“苯乙烯生产过程节能降耗运行优化技术”项目，实现了苯乙烯生产过程高效催化剂、节能新工艺、优化运行技术的集成创新，共获授权专利 35 项，并获 2016 年度上海市科技进步一等奖；王振雷教授牵头的项目“大型乙烯装置全流程先进控制与运行优化技术与应用”，提高了石油烃资源综合利用率、降低了装置综合能耗，形成发明专利 15 项、软件著作权 13 项，并获 2016 年度中国石油和化工联合会科技进步一等奖……

引育结合，打好人才培养“组合拳”

一流的大学要有一流的学科，一流的学科离不开一流的人才。在加快“双一流”建设的进程中，高校该如何培养一流人才？学科（方向）团队在学校和学院的支持下，向外引进“高潜能”人才，对内培育“高品质”团队，打好人才培养的“组合拳”，为科研事业的持续发展强体固魂。

针对乙烯、精对苯二甲酸（PTA）、炼油等重要的代表性石化装置，创新性地将化工过程物质转化机理与装置实时运行信息相融合，是钱锋和团队长期以来攻坚的方向。在钱锋的领衔下，团队完成了我国首项自主创新的乙烯装置优化运行技术与软件研发，并在国内乙烯行业全面推广应用，打破了我国乙烯行业先进控制与优化技术长期依赖国外引进的局面；在国内率先开展精对苯二甲酸装置全流程优化运行技术研究，取得了多项填补国内空白的独创性成果，为大型 PTA 装置成套技术自主创新作出了重要贡献……2015 年 12 月，钱锋成功当选为中国工程院院士。

核心带头人“掌主舵”“传帮带”，青年教师骨干“挑大梁”“图自强”，团队建设才能工作有序、出成效。在上海市高峰学科的带动下，学科（方向）团队成员、钟伟民教授负责的“炼化一体化智能优化制造技术”科研创新团队获得校级重点支持，主要探索解决大型炼化一体化企业在国际化市场竞争下效能最大化的优化问题，形成以价值链为核心的供—产—销全链条集成的系统优化理论方法与核心技术，并获批了“人工智能与智能制造”研究院建设。而“优秀青年骨干教师培育计划”等系列举措的实施，更是激发了年轻人的能动性，让更多青年教师自发努力成为科研骨干，涌现出了国家优秀青年科学基金获得者钟伟民、上海“曙光学者”严怀成、中国科协“青年人才托举”工程和望利、中国“高被引学者”金晶、上海“浦江学者”姜庆超等一大批科研骨干力量。

“人才是第一资源，引育结合，才能最大限度地激发人才队伍活力。”学科（方向）团队主要负责人深谙此道，既要育出“本土金”，也要引来“金凤凰”。

34 岁入选全球 2017 年“高被引科学家”名单的唐漾教授，可以说是向外引进“高潜能”种子计划的直接受益者。早在德国深造时，唐漾就受到了钱锋和团队的关注，一场与华理结缘的“引凤”计划已经在酝酿。正是有了经费待遇、科研场地等方面的各种“满足”，有了院士指导、团队支撑等方面的各种“助力”，让唐漾很快克服“水土不服”，找到个人优势与学科建设的契合点，并在推动化工“智”造的过程中不断“开疆扩土”。“个人的发展离不开学院和团队在人力资源、空间、经费、平台、机会等方面给予的全方位支持与悉心指导。”唐漾表示。

搭台“共舞”，提升国际化水平

立足学科特色，围绕科技创新、高精尖技术产业转化等领域形成特色和优势，同样需要探索建立以科技为导向的国际合作与交流平台和渠道。

正是在这样的理念指导下，团队的“111 引智计划”应运而生，汇聚欧洲科学艺术学院院士、英国皇家工程院院士 David Bogle 教授，美国工程院院士 Babatunde A. Ogunnaike 教授，英国皇家工程学院院士 Stratos Pistikopoulos 教授及多位 IEEE 会士等一大批国内外专家学者，聚焦“全流程运行优化与虚拟制造”“智能信息处理和网络系统协同控制”“敏捷供应链与生产链管理与优化”“安全环境足迹监控与溯源诊断”等 4 个方向开展研究，搭建起了流程工业智能优化制造领域的国际化合作平台。

同时，为扩大学校影响，将华理特色推向世界，团队在中国工程院院刊 *Engineering* 出版专刊“流程工业智能优化制造”，举办“流程工业智能优化制造”国际研讨会、第二届脑控系统与神经计算国际研讨会等多场大型国际化学术研讨活动，累计邀请国内外十余位院士及数十名著名专家来校交流合作，并通过担任多种国际 SCI 期刊编辑、积极参加国内外学术会议等方式，与国内外

同行广泛交流，努力提升整个学科的国际影响力。

三年来，研究团队瞄准石化工业智能优化制造领域，围绕乙烯、芳烃和炼油生产及加工过程物质与能量高效利用的系统智能优化调控方法和关键技术进行攻坚研究，为“夺取”国际先进、国内领先的地位奠定了坚实基础；获得国家重点研发计划项目、国家自然科学基金委重大项目等数十项国家级项目和课题支持；共培养17名博士研究生、76名硕士研究生，其中13名研究生受资助到国外深造学习，博士研究生姜庆超入选德国洪堡学者。对于下一阶段的发展设想，杜文莉表示：“团队将支撑学院构造优势突出、特色鲜明、结构合理、协调发展的学科体系，优化学科布局，探索更适合华理特色的发展模式。”

（本文原载于2018年9月9日华理新闻网）

【心语思】

新一轮科技革命和产业变革给人类社会发展带来了新的机遇，其中，工程科技进步和创新对经济社会发展的主导作用更加突出，这也意味着对高校科学研究提出了更高要求。为了更好地实现将传统化工制造业与人工智能深度融合的目标，我们团队将瞄准“新一代人工智能发展规划”，立足学科特色，围绕科技创新、高精尖技术产业转化等领域形成特色和优势，不断提高生产制造水平和效能，努力解决资源、能源与环保等领域的关键问题，推动石化工业智能优化制造领域的源头技术创新，并以此为依托，不断支撑学院构造优势突出、特色鲜明、结构合理、协调发展的学科体系，优化学科布局，探索更适合华理特色的发展模式。

教有方　育为魂

——记全国高校外语教学大赛特等奖获得者、华东理工大学外国语学院王慧老师①

人物名片：王慧，华东理工大学外国语学院英语系副教授，学校澳大利亚研究中心副主任，悉尼大学、昆士兰大学访问学者，教授本科生课程7门，研究生课程1门，其中，高级英语为上海市级精品课程，曾获"宝钢优秀教师奖"、上海市"新长征突击手"、第九届"外教社杯"全国高校外语教学大赛英语专业组特等奖、校"优秀共产党员"等荣誉。

"冠军学校是个理工院校？华东理工大学？"教育部原副部长吴启迪对此反复确认。这耐人寻味的一幕发生在第九届"外教社杯"全国高校外语教学大赛全国总决赛后。吴启迪是大赛组委会名誉主任，令她颇感意外的是，一路过关斩将最终摘得大赛英语专业组特等奖桂冠的竟然是来自华理的青年教师王慧。

好消息一公布，一些高校的微信群沸腾了："原来华理的老师这么牛！"同

① 记者石翎采写。

场竞技的选手说：“王老师的台风、教态以及一口漂亮的英腔魅力十足，大家心服口服。”也有领导微信祝贺：“学校给力！王老师自身素质超高！”

对于获得的好成绩，王慧则表示：“其实这是我们英语系集体智慧的呈现。我们华理的英语专业对得起良心，因为我们有对得起良心的老师，孜孜矻矻，教书育人，努力培养兼具中国情怀与国际视野的人才。”

思辨重于语言

荣获特等奖的王慧究竟魅力何在？在决赛场上，她仪态大方，思路清晰，表现出很强的课堂掌控力。组委会安排听课的学生和她虽然是初次见面，但在她的引导下，很快就进入状态——阅读、思考、积极答题，自然而然，渐入佳境。教得投入，学得轻松，似乎忘记了这是高手竞逐的赛场。

大家看到的是坦然与从容，而王慧则坦言“其实很紧张”。从赛制安排上来看，决赛选手面临的的确是巨大的挑战。首先，赛题是组委会指定素材，赛前一个月由选手通过网络随机抽取。比赛形式是 20 分钟的模拟授课和 5 分钟回答评委提问。经过激烈角逐，王慧从 30 位选手中脱颖而出，与其他 9 位参赛教师一同晋级总决赛，形式为 10 分钟说课和 5 分钟评委提问。说课内容事先密不透风，选手进入赛场上交手机后，在上场前 30 分钟拿到近 1 000 个单词的说课文本。其次，此次大赛首次开通了网络在线直播，这也是对选手心理素质的极大考验。再者，就是选手还要应对评委颇为犀利的提问。这样的高压挑战恰恰将王慧在日常教学中的深厚功底淋漓尽致地凸显了出来——语言功底扎实，教学方法明晰，综合素养过硬，教学效果显著。

然而，摘取特等奖的桂冠，靠的绝不仅是台风、口语和课堂氛围，更是王慧以人为本的教学理念与循循善诱的个人魅力。她不会拘泥于一词一句的理解，而是着力培养学生的批判性思维能力、跨文化沟通能力以及宽广的人文视野。短短的决赛课堂上，她给学生带去的便是阅读—思考—收获—输出，环环相扣，使学生的思维能力得以提升。

比赛时她吸睛无数，平日里教学也每每能圈粉成群。“王慧老师讲课很有想法，她上课真的太有意思了，而且发音真的是好听。”学生张凯维表示。学生谢

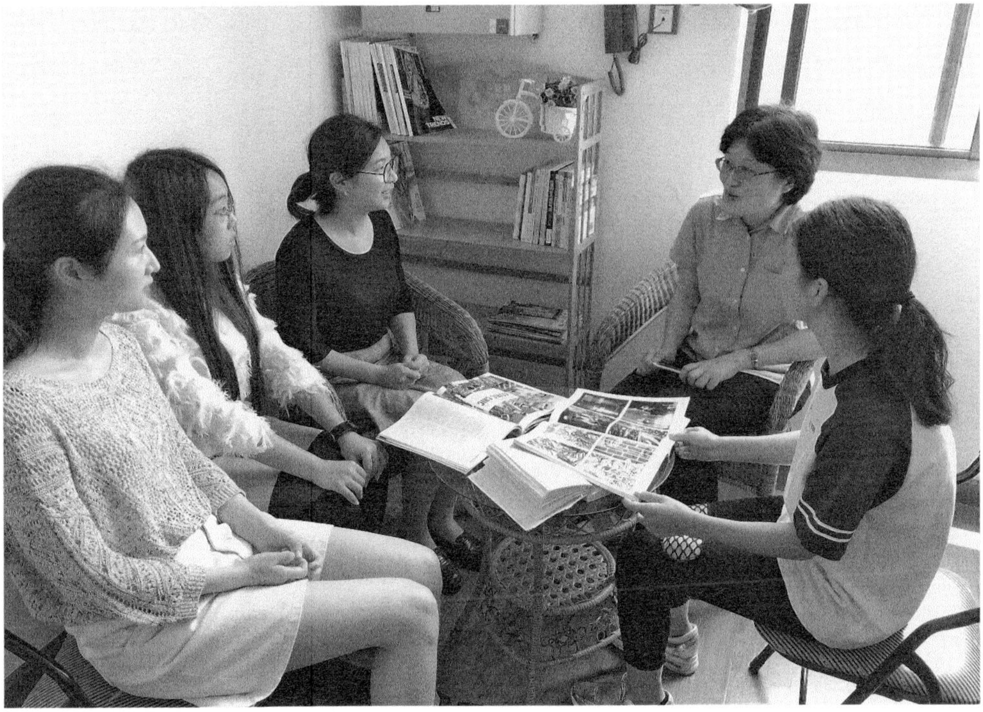

飞也表示："上王慧老师的课不会走神，课堂氛围很活跃，不枯燥。课程框架与思路很清楚，就是愿意跟着老师的思维，一步步分析，感觉自己和老师在同一个频道上，特别舒服。"

"5P"教学亮眼

从上海赛区特等奖到全国大赛特等奖，历时 5 个多月，王慧经历了多场复赛与决赛的洗礼。令她感到幸运的是，她并不是一个人在战斗。在备战阶段，英语系教师们都愿意与她一起头脑风暴，反复修改与完善教学设计与课件。全国决赛当天，外国语学院党总支书记王喆电话支持鼓励，经验丰富的颜静兰教授出谋划策、指点迷津，英语系主任杨慧敏、基础教研室主任黄岚、方朝和张之燕老师特意从奉贤飞奔几十公里赶去助阵，还有张先刚等许多老师在线观战鼓劲。对此，王慧感慨地说："英语系一直就是一个团结的大家庭，这个特等奖就是我们大家的荣誉。"

成功永远青睐那些有准备的人。除了学院与英语系的培养与大力支持外，王慧从教 18 年来的勤奋、思考与积淀更是一种隐形的准备。在总决赛赛场上，她亮出了一套行之有效的"5P"教学法。"5P"即 Preview、Participate、Practice、Present、Produce，是王慧日常教学中的 5 个环节。在高级英语课程中，"5P"对应的就是录音预习、课堂讨论、课后练习、课堂展示与创造性作业这 5 个环节。这其中蕴含着两个要点——让学生很认真地看待这门课以及培养学生的自主学习能力。录音预习着重解决发音问题并让学生熟悉课文，课堂讨论重在帮助学生理解课文，课后练习重视让学生综合运用所学的知识点。

此外，王慧在教学中还非常注重让学生真正学有所获，提升专业素养与综合能力。课堂上，她会让学生轮流进行 5 分钟的演讲展示，话题不拘泥于课本，要求开计时器并完全脱稿。创造性作业则包括作文与课题调研。每个单元的课程结束后，王慧通常都会布置一篇作文并十分认真地对待——几乎每名学生的作文都至少有两次返工。为肯定学生的努力，同时鼓励更多学生追求卓越，她专门建立了微信公众号"assignments"分享学生的优秀作文，一篇篇佳作推出来，一届届学生传下去。课题调研则分组开展，学生分工协作，查资料、写讲

稿、做 PPT。学生们在探究性学习中提升了团队意识和创新能力。

育人境界高远

在教与育之间，育更是关键所在，也是责任所在。英语系的教学土壤始终受此理念浇灌，王慧更是其中坚定不移的践行者。在教育这条道路上，她也同样在不断思考与学习。“能够用英语进行跨文化交流，展现思想，传播中国文化，发出中国声音。这是我们英语系培养学生的目标与愿景，也是我们持续不断努力的方向。”王慧如此表示。

上海赛区复赛时，王慧选择了日常教学中《海上无路标》（No Signposts in the Sea）这一单元，决定本色参赛。这是一篇小说节选，采用的是 20 世纪 20 年代兴起的意识流手法，文字十分优美，但是情景跳跃，许多用语非常隐晦与抽象，含有神话、宗教和历史等典故。因其篇幅长、语言涩、手法奇、典故多，一般很难讲好、讲透。虽然多年来这个单元已经上过好几轮了，但王慧仍然在不断反思如何激发思辨，让学生受益良多。“明知山有虎，偏向虎山行”，王慧选择这个既有挑战又很有意义的单元参赛，其实也是在向专家和同行求教。她精心设计课程导入、象征意义破解、情节梳理等环节，与学生互动，引导他们梳理主人公在患上绝症后对人对己以及对工作、自然、历史、宗教等的态度转变，以此启发学生思考人生的意义。“每个人的个人经历有限，引导学生读书可以帮助他们拓展见识与思考，锻造更好的自己。”这是王慧的心声，也是她培育学生的理念。

“衡量一个学生，成绩不是唯一的标准。学生的潜力是无穷的。”王慧表示，这是从众多学生身上感受到的，而这也造就了她在教学中的反思与成长。因此，王慧十分注重教与学的互动，善于倾听学生的想法，也总是乐于与学生探讨问题，并愿意从学生的反馈中吸取好的经验。2015 级的一批学生至今仍令她称赞，只因他们能够非常大胆地提问，敢于质疑，并能提出不同的看法。

与此同时，对于激发学生的内在潜能，帮助他们实现个性化发展，王慧也乐在其中。学生谢飞当初语音语调并不特别突出，但是演讲内容很好，被王慧和同事们一眼相中，一有空就为谢飞特训。凭借勤奋好学，谢飞最终一举摘得“21 世纪·华澳杯”全国大学生中澳友好英语大赛特等奖。颇有个性但成绩不算太好的学生张凯维对自己的未来有想法有规划，王慧从中看到了他的闪光点，在张凯维求助时热心予以指点，张凯维过五关斩六将，最终通过了新华社的校招，被新华社海南分社录取。

语言是文化的载体，也是打开通往外界的钥匙。王慧十几年如一日，向学生教授与传递的是富有情怀与思想的语言。

（本文原载于 2019 年 2 月 11 日华东理工大学新闻网）

【心语思】

我们所处的时代，外语教育的环境、客体、载体、目标和任务等都发生了巨大变化，如何应变是我常思考的问题。

我在教学中秉持“以学生为中心，以教师为主导”的理念，探索“5P”教学法（Preview，Participate，Practice，Present & Produce），备课时不仅“备教材”，还“备学情”“备资源”“备方法”“备技术”“备时事”，努力提升学生的自主学习、跨文化沟通、团队合作、思辨、研究与创新等能力。

要培养具有“中国情怀”和“国际视野”的复合型人才，我本人觉得还有很长的路要走。一方面要进一步夯实中国传统文化的底子，另一方面要学习西方文化的精华，促进文明互学互鉴，讲好中国故事，为构建人类命运共同体做出外语人应有的贡献。

“跨越时空”柔性援疆

——记华东理工大学化学与分子工程学院徐志珍教授①

人物名片：徐志珍，博士，华东理工大学教授，化学系系主任。主持2门上海市级精品课程建设，曾荣获宝钢优秀教师奖、上海化学工业区理工教学奖、上海市教学成果一等奖、华东理工大学第二届“张江树教学名师奖”二等奖、校优秀共产党员、“名师风范杯”授课大赛一等奖、首届教书育人奖、校园新星、育英奖、优秀班导师、“优秀对子”一等奖等荣誉。

从1997年研究生毕业留校任教开始，徐志珍就坚持“站上三尺讲台，就要对得起学生”的初心，认真上好每一堂课，成为深受学子喜爱的好老师，并且获评华东理工大学首位教学型教授。

从2018年10月起，喜爱她的学子又从东海之滨的华理校园延伸至5 000多公里之外的喀什大学。

而这一切，要从华东理工大学先行先试的全国首个“慕课西行”同步课堂，

① 记者张婷采写。

将优质教育资源无偿输送至喀什大学说起。作为同步课堂、上海市精品课程无机化学的负责人，为把这堂“跨越时空”的课上好，徐志珍付出的是时间和精力，更是对学生、对课堂的热爱和真情。

一堂连接 5 000 多公里的无机化学课

“同学们准备好了吗?”3 月 14 日上午，在华东理工大学奉贤校区 A 教 304 室内，上课铃响后，徐志珍以此来开启一堂课的教学。这一声询问，不仅是面向教室内的 121 名学子，还是对着屏幕里的 174 名喀什大学学子说的。在得到肯定答复后，徐志珍开始讲课。

这堂课主要讲解铝单质及其化合物。“铝元素是我们高中曾经学过的元素。说到铝单质，你们能联系到它的哪些相关化学性质?”上课期间，徐志珍邀请了一位喀什大学学生回答这个问题——通过同步课堂，喀什大学的学生不仅能实时听到课程内容，也能举手发言、参与课堂互动。

无机化学是一门专业性较强的基础性课程，而喀什大学却因师资匮乏面临开课困难的窘境。2018 年，华东理工大学响应教育部“慕课西行”号召，借助网络与在线教育技术，依托线上平台与沉浸式远程直播互动教室，将学校的无机化学课程隔空“搬”到喀什大学。作为课程带头人、全国黄大年式教师团队成员，徐志珍责无旁贷地担任了共享课程的负责人。

要开设起同步课堂，必须解决几个难题。一是跨时空难题，为了适应与喀什地区之间的两小时时差，学校特意将这门课放在上午第三、第四节课。二是两校学生的化学基础不同，如何兼顾？为此，尽管已经上了二十余年的无机化学，徐志珍还是从课程设计、内容、课件、习题等各方面重新进行了调整，既满足华理学子的学习进度，又适应喀什大学学子的学习需求。

为了上好课，徐志珍每次都会花比以前多一天的时间进行备课。上午 9:55 的课，她会坐最早一班从徐汇校区开往奉贤校区的班车，早到的两个多小时里，还会继续备课，仔细检查有哪些不足之处。

一个“新技能”背后的付出

无机化学课程针对大一新生开设，着重学习无机化学的基础知识和基本理论，每周一、周四上午各有两个课时，有时还会根据需要开设习题课。到目前为止，同步课堂共直播了58次、116学时。

无机化学课难度较大，而喀什大学的学生化学基础又相对薄弱，徐志珍一直坚持“帮助别人，但不能降低华理学生自身的要求”，为了平衡两边学生的进度，她决定“开小灶”：单独给喀什大学学生补课10学时，开设了20学时的习题课——尤其是补课，全是她无偿利用晚上时间进行的。面对空荡荡的教室讲课，徐志珍并不觉得孤单，因为大屏幕的另一端，有着一百多双渴望求知的眼睛在看着她。“上同步课堂，我还获得了一个‘新技能’——在空无一人的教室，能对着大屏幕讲两个小时的课。”徐志珍老师的这句玩笑话背后，是她对喀什大学学子的无私付出和关爱。

助力喀什大学学子，两校师生都在行动，一系列有针对性的帮扶措施实施起来：进一步做好课下在线答疑，选派10名华理化学基础好的同学加入喀什大学班级群，进行网上在线解答辅导；华理化学与分子工程学院党委动员无机化学研究生党支部与喀什大学学生“结对子”，从学习上、生活上和人生规划等多方面进行交流。

付出终有收获。上学期期末考试中，喀什大学学生的合格率达到67%，良好以上为27%，还有15名同学的得分在90分以上。喀什大学老师认为，与往年相比，同步课堂教学内容更多、难度更大，但学生的期末成绩还略优于往届。

喀什大学化学专业的王新月同学说：“徐老师讲课精彩生动，我非常喜欢徐老师的授课方式。我一直喜欢化学，每次上课都会提前预习，远程教育非常适合我们的学习，谢谢华理，谢谢徐老师!”

华理化学186班的谭同学表示，同步课堂不但不会影响他们的正常教学，有时候想起屏幕另一端还有那么多“同学”一起上课，反而能更加专注听课。

一个奉献爱心的美好期待

作为无机化学课程的主讲教师，徐志珍的愿望是上好每一堂课；作为无机化学课程负责人，徐志珍希望带领团队建设好课程。而现在，她又多了一分期待：希望通过试点进一步优化教学过程，把无机化学同步课堂做得更好，共享给更多的西部高校，为其他专业课的同步课堂推广提供经验，为推动教育公平、服务国家战略奉献自己的力量。

在徐志珍看来，援疆献爱心是每个人尤其是大学教师应尽的责任和义务，同步课堂就是一种柔性的援疆新方式。

第一节同步课堂下课后，喀什大学的一名学生在视频中很真诚地讲道：“很高兴也很荣幸，上大学的第一节课，就能跟华东理工大学这么好的大学的同学们一起听课。”虽是很简朴的一句话，却让徐志珍深深感动，也让她更加坚定要做好同步课堂的教学。

在一次微信答疑中，一名喀什大学学生问徐志珍："老师，我们能不能去华理做化学实验?"学生对知识的渴望使徐志珍有了进一步的思考：如何能够为他们做更多的事情?

"化学是一门以实验为基础的学科，但让学生来华理做实验有一定的困难。办法总比困难多，我们可以把部分实验拍成视频，做成虚拟仿真实验共享给他们。"而这，也正是徐志珍带领团队目前正在做的事情。

2019 年 6 月中旬，徐志珍终于和喀什大学的学生们实现了"网友"见面，并为他们进行了一堂精彩的现场授课。喀什大学的学生则为徐志珍精心准备了纪念册。在纪念册里，有的同学写道："当我看到您在空无一人的教室里单独为我们上课时，我差点儿哭了出来，谢谢您!"有的同学写道："喜欢您的微笑，喜欢您的温柔和对我们的关怀，感谢您给我们的一切。"还有的同学写道："现在我有一个目标，要到华东理工大学攻读硕士研究生!"……学生们求知的热情和淳朴的情感令徐志珍无比感动!

在这次喀什大学之行中，徐志珍获颁了柔性援疆客座教授聘书。华理化学与分子工程学院党委也与喀什大学化学与环境科学学院党总支签订了党建共建协议，将结合同步课堂进一步开展援助献爱心活动。

【心语思】

"踏踏实实做人，认认真真做事"是我坚守的人生格言，在平时的工作生活中，我也是这样去践行和要求学生的。留校 22 年来，我始终充满激情、任劳任怨地坚守在本科教学第一线，爱岗敬业，乐于奉献，坚持教书与育人相结合。作为一名教师，首先要有大爱，对教育事业的爱和对每个学生的爱。其次要有责任和担当，站上讲台，就要对得起学生，以学生为主体，一切为了学生。打造精彩课堂是教师的第一要务，用情操感染学生，用爱滋养学生，用人格塑造学生，实现由合格教师到魅力教师的转变是教师永恒的追求，这也是我一直努力的方向。

近百枚金牌、十余位名将的背后

——记华东理工大学体育科学与工程学院乒乓球教练臧玉瑛老师①

人物名片：臧玉瑛，1982年本科毕业于北京体育大学，毕业后进入华东理工大学工作至今；在华东理工大学创建了高水平乒乓球俱乐部，培养了百余名高水平乒乓球运动员，更有学生获中国乒超冠军，开全国普通高校之先河；以学校为“龙头”与依托，探索大中小学校学生文化学习、运动教学训练以及梯队建设等体教结合的“一条龙”人才培养模式，多次获省部级教学成果奖。

从1997年起，她就开始带领华东理工大学乒乓球队，参加两年一届的世界大学生乒乓球锦标赛，至今已获得各个项目的世界冠军，斩获金牌近百枚；经她的培养，走出了曾在2001年北京大运会上击败张怡宁、牛剑锋等国家队名将，夺得3块金牌的帖雅娜这样的乒乓明星，也走出了高军、张瑞、乔云萍、邬娜、单晓娜等世界名将，以及余静薇、焦永利、田芳、崔晨梅等国内知名的运动健将；经她之手，全国首支高校乒乓球俱乐部在华理组建，并在2012年获

① 记者房树芬、张婷采写。

得中国乒乓球俱乐部超级联赛女团冠军。

她是臧玉瑛，华东理工大学一名普通体育教师，却培养出了一大批优秀运动员，为华东理工大学乒乓球项目长期屹立在世界高校一流地位奉献了自己的心血。

拼劲十足　训练有方

进入华东理工大学工作至今，臧玉瑛始终以一名普通基层教练的身份拼搏在第一线。谈起教学与训练，或许很多人不相信，臧老师每年仅休息 15 天，平均每天工作 12 个小时，教学工作量约为 4 500 课时/年。每当有人问她在哪里，她会说："在球馆，或者在去球馆的路上，或者是在外地带学生参加比赛。"

"想要把乒乓球这个项目弄得有点样子，只有拼。"臧玉瑛说，乒乓球是一项高难度的竞技项目，在实际训练教学过程中没有捷径，只有不断练习，才能有所突破。

"看似打乒乓就是你推我挡，但要打好高水平比赛，可不是在一张球台上用两块球板简单推推挡挡的事情。要在毫秒间对来球的速度、旋转、力量、落点和弧线做出准确判断并回击成功，不是一朝一夕的事情。"因此，臧玉瑛不断丰富业务知识，将先进的训练方法与传统的训练方法结合，并根据每个学生的不同特点，制订不同的训练计划，针对性地进行训练，并以一周为一个节点，进行实时动态的调整与反馈。

据臧玉瑛介绍，高水平乒乓球训练讲究"精雕细刻"，重点在"做实""做细""做精"上下功夫。所谓"做实"，指的是训练的量要到位；"做细"，是指要根据每个队员的个体情况与对手的技术特点、心理规律，制定赛前的战术部署，明确重点、难点和主攻方向；而"做精"主要是对优秀运动员要一人一策，即定制个性化训练方案和比赛对策，并不断实战，不断修正，不断提高。

对于学生运动员，臧玉瑛除了要当老师、当教练外，她还要当朋友、当家长、当母亲。从亲自下厨给运动员加餐，照顾学生的生活起居，到比赛前心理与战术的准备，都体现出臧玉瑛的责任感和使命感。

“打好球更要做好人，言传身教最有效果。”臧玉瑛说，只有自己各方面为学生树立榜样，把积极乐观的心态带给学生，碰到困难不退缩，才能把学生培养成社会的可用之材。

体教结合　培育名将

华东理工大学是国内较早开展体教结合培养高水平运动员工作的高等院校。从小学、中学到大学“一条龙”培养乒乓球人才这个教育体系的建立，臧玉瑛也是推动者和亲历者。

1992 年，华东理工乒乓球俱乐部成立，这是全国第一个由大学组织的乒乓球俱乐部，至今也是唯一一个。在臧玉瑛的提议下，华东理工大学与上海启新小学、上海中学组成共建学校，俱乐部的乒乓球选手只要成绩够好，就能从小学一直到大学读下来。听上去容易，但是要统筹大、中、小学校的学生文化学习、运动教学训练、生活管理、升学学籍等诸多问题，并非易事。臧玉瑛为此付出的心血有多少，没有人知道。

关于学生运动员的培养，臧玉瑛有很深的感悟。她认为每个运动员的天赋不同，无论水平高低，队员都要努力为自己将来在社会争取到一个位置，这也是学生运动员与别人不同的地方，而她的任务就是尽力帮助指导他们。

在俱乐部成立初期，由于经费和场地紧张，臧玉瑛老师就让队员们在学校的餐厅里训练，到了吃饭的点，再撤球台。就是在这种艰苦的环境下，俱乐部培养出一批德智体美劳全面发展的学生运动员。

俱乐部的选手是从全国招来的，本着对学生负责的原则，每个年龄段的招生数都很少，一般就 3～5 人。俱乐部目前有 50 多名运动员，每个月都会进行水平评定，主要是通过打乱年龄段的比赛，让好的留下，差的淘汰，淘汰率高达 30%。

臧玉瑛这些年培养出大批优秀运动员，其中有在 2001 年北京大运会上击败张怡宁、牛剑锋等国家队名将，夺得 3 块金牌的帖雅娜这样的明星，也有高军、张瑞、乔云萍、邬娜、单晓娜等世界名将，以及余静薇、焦永利、田芳、崔晨梅等国内知名运动员。

通过 20 多年的经营，俱乐部慢慢成熟起来，被关注得多了，赞助也多了。但臧玉瑛始终坚信，学校是球队的娘家，教育系统是根。不管哪个企业赞助，哪个系统支持，球队始终是华东理工大学的球队。

一分耕耘　一分收获

乒乓球这项“国球”运动，是臧玉瑛的事业所在。正是她超乎常人的付出、坚持和毅力，才打造出华东理工大学这支全国顶尖、世界一流的高水平乒乓球运动队，而这支队伍从 20 世纪 90 年代起就代表中国大学生征战国际乒坛，摘金夺银。

1992 年，华东理工大学首次组队代表中国大学生，参加在法国里昂举办的第九届大学生乒乓球锦标赛。此后，均由华理组队代表中国大学生参加两年一届的世界大学生乒乓球锦标赛，并频频获得各个项目的世界冠军。

1997 年，国际乒联恢复中国乒乓球超级联赛，华东理工大学女队作为大学生代表队首次参加了中国乒乓球超级联赛，作为唯一的一支业余球队，取得了女团第六名的优异成绩，并在 2012 年勇夺中国乒乓球超级联赛团体冠军。

在 2017 年全国学生运动会上，臧玉瑛作为总教练奔波于大学组与中学组的比赛场地。经过艰苦拼搏，华东理工大学乒乓球运动队代表上海在全国学生运动会的乒乓球项目上获得了历史性突破成绩，在大学女子项目上，更是以对外全胜的战绩包揽了所有项目的冠、亚、季军。

据统计，臧玉瑛带领华东理工大学乒乓球队合计获得国际、国内赛事金牌超过 100 枚。她本人也因育人成效突出而 10 余次获得上海市育才奖、上海市百佳女能手、上海市教学成果一等奖、上海市先进个人等奖项或荣誉称号。

尽管学生“群星闪耀”，但臧玉瑛认为自己只是大学里的一名普通体育教师。她秉承“一分耕耘、一分收获”的执教理念，始终坚持战斗在教育教学一线，不断完善高校高水平运动员的培养模式，为华东理工大学乃至我国高校体育教育事业发展做出贡献。

【心语思】

华东理工大学高水平乒乓球队作为全国体教结合的杰出代表，长期处于世界高校乒乓球一流水平，为学校、国家争得了诸多荣誉。作为团队中的领军人物，我感到责任重大。乒乓球是一项高难度的竞技项目，在实际训练教学过程中没有捷径，只有通过老师与学生不断磨合、不断突破，才能达到高竞技水平。因此，在教学工作岗位上，我始终做到尽心、尽力、尽职、尽责，不断丰富业务知识，将先进的训练方法与传统的训练方法相结合，根据每个学生的不同特点，制订不同的训练计划，进行有针对性的训练，并打破固有的模式，将多媒体教学运用到战术训练中，加深学生对战术的理解，达到了很好的效果。

无论是照顾学生的生活起居，还是赛前心理与战术的准备，教师的认真细致是极其重要的。我认为，教师必须在各方面为学生树立榜样，把积极乐观的心态带给学生，并传授给学生“打好球更要做好人”的基本原则，才能将学生培养成社会的可用之材。

与学生“相爱相杀”的“费妈”

——记华东理工大学商学院费鸿萍副教授①

人物名片：费鸿萍，管理学博士，华东理工大学商学院副教授，澳大利亚西澳大学、丹麦阿尔堡大学、加拿大阿尔伯塔大学高级访问学者，华理科技园创新创业导师，中国高校市场学会理事，中国上海自贸区咨询专家，中经商学院走进名企课堂学术分享教授。多年来为MBA、研究生和本科生教授市场营销、服务营销、全球营销、营销工程、营销战略创新、商业模式与创业计划等相关课程。担任华东理工大学及华东理工大学科技园创业导师，指导学生参加过多项创新创业大赛、商业模拟大赛，并取得全国多个奖项。同时，多次受教育部工商管理学科指导委员会和西交利物浦大学领导力与教育创新学院邀请，为全国多所高校老师做过教学创新理念和方法培训。

从2006年进入华东理工大学商学院任教至今，不管是MBA学生还是本科生，费鸿萍一直与学生“相爱相杀”：学生们一边喊着作业太多，一边又乐

① 记者张婷采写。

此不疲地在她的带领下“玩转营销”；一边觉得她停不下唠叨，一边又欣喜于她总有数不尽的创意；一边觉得她要求过严，一边又心疼她“似乎用生命在教书”。

在“相爱相杀”中，“70 后”费鸿萍逐渐成了学生们口中最亲切的“费妈”。

学生 100% 会“玩新媒体”

上过费鸿萍课的学生，都有一个共同感受：累！不但每周要做一个案例分析，还要会快闪和经营微信公众号。有的学生调侃：“每日一营销，一周一推送，成为这个学期的必备节目。”但正是因为这种“累”，他们学会了“玩转营销”。

费鸿萍面向本科生开设了营销管理、服务营销、营销渠道、全球营销、营销工程等多门课程，面向 MBA 学生开设了营销管理、品牌经营与管理等课程。无论是必修课还是选修课，上她的课，谁也别想“浑水摸鱼”：第一堂课，她会

让学生自由分组，根据每个小组的特点布置案例分析题，要求每个小组建设微信公众号展示进展情况——所以费老师的学生都会“玩新媒体”。

上营销课时，费鸿萍跟学生说的最多的就是：“这个世界唯一不变的就是变化!”多年的教学，她的案例从书面走进了企业现实，从本土走向了国际，布置的作业也立足于当下的企业，比如“宫崎骏动画定价策略”“迪士尼电影渠道策略”“海底捞的定价策略”等。

“营销专业的学生，首先要学会营销自己。”于是，费鸿萍就让学生们亲自体验了一把如何营销自己：到机场、人民广场以及上海的街头开展“远离手机”快闪、为接机人送上一朵手工玫瑰等活动，营销自己的团队。

“费老师上课充满激情，我们都觉得她是在用生命教书。”营销150班学生向伟林、王卓、于辉、陈依婷说，费老师上课从来不用扩音器，但控场能力极强，时常走到学生中间进行互动，即使一百多人的大课，上几次课后她就能叫出每个人的名字。

对待学生的作业，费鸿萍向来要求严格。曾有一名学生的期末小论文在她的建议下前后修改了8遍！指导学生的毕业论文，熬夜更是家常便饭：“我常常盯着他们到深夜一两点，和他们说，你们不改好，我也不睡觉，改好了再晚都要发给我，我等着你。”

但“费妈”可不会让大家白辛苦，除了收获满满的知识外，课程结束后，学生们还能得到她奖励的巧克力。

班级创新创业率100%

除了教学，费鸿萍还是一位经验丰富的创业指导老师。当营销150班的班导师后，她将几种身份的优势最大化：将创业实战引进课堂，让本科生与MBA学生正面“交锋”；带领学生参加创新创业大赛，为他们打开一扇看精彩世界的窗户；发挥MBA学生的资源优势，让本科生走进企业，调研、参观、实习……

注重将商业演战和课堂教学融于一体的商学院品牌项目——创新创业青年领袖行动学习论坛，自2017年起有了本科生的加入：活动前期的策划、组织与

执行，活动当天的微信、微博、直播互动等，全部由营销 150 班的 7 名本科生承担。在费鸿萍的指导下，他们在一年多里，承担了 7 期创新创业青年领袖行动学习论坛的策划与宣传。

同时，费鸿萍还建议本科生参与论坛的项目团队，与 MBA 学生一起对初创企业进行考察研究，针对企业后续发展方向提出解决方案。曾做过迪士尼周边产品相关调研和案例分析的于辉就参与了一期与电子类产品 IP 衍生品相关的企业项目。“做策划时，费老师会提出建议和修改方向。一年半里，我们认识了 30 多位校内外的创业导师。”于辉说。组长周成臣成了班里成长最快的学生，他的统筹能力、Word 文档排版的规范性、逻辑性以及演讲能力都有很大提升。

“读万卷书，不如行千里路；行千里路时，一定要和世界多交流。”费鸿萍说。已连续几年指导 MBA 学生参加“尖烽时刻”商业模拟大赛的她，同样鼓励本科生参赛。2018 年，选修服务营销课程的学生几乎都参加了该项赛事的校园选拔赛，最终 2 支本科生团队和 8 支 MBA 团队冲进了中国总决赛。

参赛队员孙丽玮表示：“参赛的过程，是一个入戏的过程，每当登录 Cesim 商业模拟平台，我们就进入了企业决策层领导的角色。在这个平台上，课堂上学过的理论、工具终于不再是薄薄的一张纸、短短的几句话，而变成了战争中的武器，搏斗里的拳头，变得有血有肉、有意义、有价值了。”于辉则认为：“决赛的每一天，我都能从竞争者的身上发现自身的不足，比如英语口语、演讲、数据分析等。”

在“费妈”的影响下，营销 150 班的学子们还主动承办了商学院第二届校园营销大赛。“我们班同学，或筹备赛事，或参赛，100%参与过创新创业活动。”向伟林说。

收获 100%的惊喜

当记者问起，为什么称呼费老师为“费妈”时，向伟林立即笑着答道：“因为她就像自己的妈一样，又关心又唠叨，你会觉得烦，但又觉得充满爱。”

费鸿萍的想法却是：“同理心很重要。想一想，自己的孩子送到大学，你希

望老师怎么对待他？希望他有什么样的大学生活？我所做的，只是帮助他们提高与世界相处的能力。”

对于班导师一职，费鸿萍觉得惊喜多于付出：“前一天晚上我还在唠叨他们作业完成得不够理想，没想到第二天一大早他们就给了我生日惊喜。其实我自己都忘了生日了。”

这是2018年3月29日，来自微信公众号“Winner大营家”的一篇题为“突然想写一封信，送给最亲爱的你”的推送，署名是“爱你的营销150”。在这篇推送里，营销150班的30名学生全部送上了对“费妈”的祝福：用新学的Matlab画出爱心曲线，表达对“费妈”的爱；送上祝福对联“口十心思，思父思母思亲人；言身寸谢，谢天谢地谢费妈，横批‘相爱相杀’”；送上诗句，称她为“温柔的风”……

这样的惊喜已不是第一次。2015级MBA中文二班的40多名学生就曾在上课前集体“消失”，却在整点身着正装、手捧鲜花出现在教室，依次将花送给惊呆了的费老师。这一幕，让费鸿萍感动至今。

“在和学生‘相爱相杀’的过程中，在忙于各种事务的磕磕碰碰中，保持‘年轻’心态‘慢慢’变老，可能就是一不小心进入这个行业而坚守、钟爱的原因吧！”在朋友圈里，“费妈”如此感悟。

（本文原载于2019年2月28日华东理工大学新闻网）

【心语思】

很庆幸当年选择了这份职业，让我始终与年轻人同行，保持一颗年轻的心，不断接触新事物，在这个变化的世界中始终能看到社会在发生什么。从此，也慢慢悟出：作为大学老师，我要教给学生的不仅仅是知识，更要引导他们发展与世界相处的能力。与学生亦师亦友，从学生的角度来寻找最适合的教学方法，但在教学的过程中严格要求，学习不是一个轻松的过程——经历过严格的训练，更能让学生理解大学学习的意义。

很感谢我的学生，与他们相处的过程，也是我自己不断成长的过程。每一次他们的鼓励和反馈，都使我增添了前进的动力：就像我要求他们成为好学生一样，我想成为学生心目中的一个好老师！所以我始终坚信：只要用心付出，终有收获；做一个有心老师，收获对未来有信心的学生和自己。

为祖国的科研事业服务和奋斗 做求真求实的科研工作者

——记华东理工大学研究生院常务副院长龚学庆教授[1]

人物名片：龚学庆，理学博士，华东理工大学教授、博士生导师、研究生院常务副院长；主要从事利用密度泛函理论计算进行材料、表面科学以及催化化学等领域的研究工作，已在国际顶级学术期刊《科学》等国内外期刊上发表SCI论文140余篇，作为负责人承担国家自然科学基金项目5项，曾获上海市青年五四奖章等荣誉。

华东理工大学研究生院常务副院长龚学庆出生于1978年，是改革开放的同龄人。乘着改革开放的“知识列车”，他从安徽走到上海，从英国走到美国，求学路上修身律己，一朝海外归来服务国家科研事业。他曾是华理最年轻的教授，是学生口中的“暖男”，更是求真求实的科研工作者。

---

① 《青年报》记者刘昕璐采写。

考进大学到成为教授仅用 11 年

龚学庆，华东理工大学教授，博士生导师，研究生院常务副院长。从考进大学到成为教授究竟要花多少年？龚学庆的人生算式是：4 + 1 + 3 + 3，共计 11 年。

2007 年，龚学庆 29 岁，作为青年海归人才被引进华东理工大学。那一年，他是华东理工大学最年轻的教授，主要利用密度泛函理论（DFT）计算开展材料、表面科学以及催化化学等领域的研究工作。

3 年后，龚学庆开始陆续拿出更为亮眼的成绩单：2010 年，和硕士生初丽娜与美国学者合作撰写的论文在国际顶级期刊《科学》上发表；2011 年，与英国牛津大学教授合作撰写的论文再次发表于《科学》；2013 年，入选国家自然科学基金委“优秀青年科学基金”项目以及上海市“曙光学者”项目……

“年轻有为，”2014 年 11 月 2 日，校外专家在华东理工大学青年英才校长奖评审会上对龚学庆给出评价，“发表论文数量多、他引次数高，是国际化人才，积极参与国际合作项目且成果显著。”

这样一位“有为教授”究竟是怎样炼成的？龚学庆说，其实他个人的经历也是颇为戏剧化的。他本科考进上海交通大学；苦读 4 年却遭遇保研失利，在家“晾”了 1 年；由“贵人”黄德音教授推荐，赴英国贝尔法斯特女王大学留学，以全额奖学金直接攻读博士，并在 3 年内顺利取得博士学位；之后，又赴美国普林斯顿大学深造，做了 3 年博士后；博士后做完，经英国的导师胡培君推荐来到华理成为教授。

这是一条先抑后扬的曲线，生活好像跟龚学庆开了个玩笑，先让他栽了个跟头，耽误了一年时间，而后又给了他机缘，让他驶入科学研究的高速路。事实上，在背后支撑龚学庆渐渐升华的人生境遇的，是他始终不变的乐观心态与勤勉好学的品质。

他读高三那年，上海交通大学负责招生宣传的老师来龚学庆就读的高中宣讲，听了应用化学系老师的介绍，龚学庆就定下了要读化学专业。进了上海交通大学，他发现自己读的既不是优势学院，又不是热门专业，但他倒觉得“专业挺有趣的”。当时，他每日早出晚归去自习，周末也不休息，全身心投入学习，每周五晚上稍稍看看碟或者打打游戏就是他仅有的放松方式。

万万没想到的是，由于刷高数习题占用的学习时间太多，另一门需要记忆的课程——《中国革命史》挂科了。这是一门必修课，可以补考，但大四就不能直接保研了。这“对自己后续的发展影响挺大。经过一次挂科，我明白了，大学阶段的学习并不是我想象中的那样轻松。身边的同学都是踏过千军万马，通过独木桥才来到这里，个个都是学习的高手，要想在水平相当的同学中名列前茅，按照我的资质，只能不断地努力学习”。龚学庆毫不避讳。

保研落了个空，那时再准备考研已来不及了，即便如此，龚学庆也只是短暂低落了一下，紧接着就开始计划出国留学了。他回忆，自己毕业时正逢2000年前后的光景，正是第一轮互联网经济兴起时。当时上海交通大学毕业的学生，在上海就业市场上非常抢手，但他读研的决心，一直没有动摇。

英美两国留学后决定归国服务国家科研事业

由于平日里的踏实与勤奋，本科论文的指导老师黄德音教授乐意推荐他去英国留学。“后来，我问黄老师，怎么知道我想出国？他说，我那时做毕业论文时，在实验室里早出晚归，他觉得我很勤奋，对我印象深刻，又看到我总是拿着一台收音机听英语，他就断定我有出国的打算。”

去英国读书，龚学庆的科研方向是计算化学。简单来说，就是在电脑里面用程序去模拟材料间的反应过程，以及材料表面的吸附、迁移等化学过程。英国的硕士研究生学制很短，大家基本上是本科毕业过去就直接读博士，比较节省时间。英国的博士时间也很短，只有3年时间。

“在英国读书的状态，生活简单而有规律。每天早出晚归，在实验室里面泡着，晚上11点多回到住所休息，空闲的时候就去学校的健身房跑跑步。读博期间，我没有太多的时间可以出去玩，为数不多的出去机会是参加学术会议，一次是伯明翰，一次是利物浦。北爱尔兰有个很著名的旅游景点叫‘巨人海岸’，读书期间，我一次都没去过，直到回国后再出去参加学术会议，我才第一次去。因为比较用功，我的博士课题用了两年出头的时间就做完了。在博士最后的大半年里，我基本是在申请美国的博士后。”龚学庆回忆起那段异国求学的经历时说道。

其实，初到英国，他对自己所学的理论模拟还只是“摸不着头脑”的程度，但他坚持努力学习，恶补物理与数学等各种知识。读博期间，龚学庆共发表了6篇SCI文章，其中2篇分别刊登于国际知名刊物《美国化学会志》与《物理评论快报》上。“看到师兄做得很好，我也想要做好。”龚学庆的想法说来也简单。

“我本科时就想过要去美国。”所以，龚学庆博士生涯结束后，他就申请去美国做博士后。在美国普林斯顿大学，他的研究方向仍是利用计算机模拟进行多相催化反应和催化剂研究，生活重心也依然是研究与学习。博士后工作期间，他又在《自然》杂志子刊《自然—材料》上发表了1篇有分量的文章。

2007年6月，刚做完博士后的龚学庆在量子化学计算方面接受了大量的系统性学习与训练，在英国的导师胡培君推荐下启程回国，来到华东理工大学担任教授。当时，胡培君是华东理工大学的客座教授，他表示，计算机模拟在催化研究中是不可或缺的，需要引进人才。而龚学庆的到来，可以填补华东理工大学理论催化人才方面的空白。

“那时，从事这方面研究的课题组，全球范围两只手也数得过来，我的归国，可以为祖国的科研事业服务和奋斗。”龚学庆这样给自己打气。与此同时，华理也给了这位青年优渥的待遇和发展空间，一进学校就评上了教授职称，并顺利办理落户等一系列事宜。仅仅一年，龚学庆就评上了博士生导师。龚学庆心怀感激地说，这让年轻教师少了许多后顾之忧，从而腾出更多的精力全身心投入科研攻关。

就这样，在这种压力小、待遇好的环境下，龚学庆与他人合作，在《科学》上发表了2篇论文；此外还发表了30余篇SCI论文。他所从事的多相催化材料研究，在汽车尾气净化、石油化工、污水处理等领域有着广泛的应用价值。

据介绍，汽车尾气治理方面的催化研究是华东理工大学的传统强项，曾获国家科技进步二等奖，其中一大特色是将我国富余的稀土材料应用于催化过程。龚学庆来校后，对其中的催化过程进行了大量研究，揭示了稀土元素特有的高度局域的f轨道对催化性能的影响作用本质，首次提出了其作为“化学反应杠

杆”的理论模型。

通过多年持续、深入的研究，龚学庆正在一步步揭开汽车尾气净化这一“黑盒子”里的秘密，为设计、制备高性能稀土催化材料提供了一系列重要的理论依据，并构建起了较为完善的理论框架，积累了进一步研究的方法和思路。

在同事和学生的眼里，坚持投入地做一件事，直到形成完整的、系统化的、具有普适性的理论体系，这既是龚学庆的目标，也是他全身心投入科研的写照。

新世纪留学环境极大改善　高层次人才回流趋势明显

随着我国改革开放的程度日益加深，越来越多的中国学生能有机会出国读书，拓宽国际视野。通过与前辈的交流，龚学庆也感受到留学的内外部环境都有了极大的改善。无论是选择留在国外，还是归国发展，都开始更尊崇“初心”，选择变得更加纯粹，人才回流趋势也变得明显。

龚学庆的这一直观感受得到了教育部 2018 年公布的一组数据的印证。《青年报》记者了解到，梳理从 1978 年到 2017 年年底我国出国留学相关数据，留学回国人数稳步提升，高层次人才回流趋势明显。其间，各类出国留学人员中，有共计 313.20 万名留学生在完成学业后选择回国发展，占已完成学业留学生人数的 83.73%。党的十八大以来，随着留学回国人数的不断攀升，已有 231.36 万人学成归国，占改革开放以来回国总人数的 73.87%。

“我是坚决要回国的。”龚学庆说，在国外读书的这几年，生活质量上和国内没有本质区别，并没有感觉“外国的月亮比中国圆”。特别是 2000 年以后，国内的物质文化水平都迅速提升，机遇也越来越多。

龚学庆深切感受到，随着我国改革开放程度继续加深，综合国力显著提升，和 20 世纪 80 年代刚走出国门的那一批留学生不同，大家在国外的读书生活相较国内差距已经不大了。

“关于这一点，胡培君老师也曾给我们讲述过他在 20 世纪 80 年代出去留学的经历。”龚学庆说，1987 年，胡老师刚到英国剑桥读书的时候，英国有一家百货公司叫作 ARGOS，这家商场不设展柜，只将所有商品印在一本 2 000 多页的册子里，供客人挑选。第一次看到琳琅满目的商品，胡老师感到十分震撼。要知道，那个时代的人们刚刚经历过计划经济，突然看到西方市场经济条件下那么多商品，对比和冲击十分强烈。

与此同时，龚学庆也有一个亲戚，曾于 20 世纪 80 年代到澳大利亚访学，当时他帮当地人修剪院子里的草坪，修剪一次草坪的工钱抵得上他在国内一个月的工资，可见差距非常大。“我们这代人出去的时候，已经没有这种强烈对比了，特别是在美国做完博士后，已经是 2007 年了，国内的发展早就跃上了一个新的台阶。”在龚学庆眼里，如今，我们便利的网上购物、快捷的物流、四通八达的高铁、高端大气的人工智能，吸引着越来越多的留学生回国，乃至国外优秀的人才来中国发展。

“出国留学变得更加稀松平常，甚至很多国内大学生如今在读本科时就有机会出国交换，见多识广后，大家会更明白自己出国留学的初心，而不是将之简单作为一种改善生活条件必备的‘跳板’，从而根据学术志趣和发展平台做出更遵从内心的选择。”龚学庆说道。

学生不是特种兵　要做好教书育人本职工作

作为高层次引进人才，龚学庆在华东理工大学从事材料化学研究数年并取得成绩，为学校的人才培养和一流学科建设孜孜不倦地工作着。龚学庆进入学校至今，已经带出了 20 多位硕士生和 10 多位博士生。

每个导师都有自己教育学生的风格，在龚学庆看来，现在的年轻人应该靠自觉学习而不是依赖外界，因此，他不太愿意给学生设定严格的管理制度。“我不希望在老师的高压下，把每个学生变成特种兵，学生的发展应该是自由的，应该是从懵懂发展到自我提升的过程。”

有一个博士生在毕业感言中写道：“初来到龚老师的课题组，还处于一种懵懵懂懂的状态。有时候会害羞，也会迷失方向，但经过几年的博士学习，通过发文章、做报告以及与国内外同行交流，渐渐做出一些让自己满意的成果来。”看到学生从博士生训练中找到了属于他自己的满足感、成就感和提升感，龚学庆说，这正是自己希望看到学生努力奋斗的真正动因。

龚学庆说，科学研究是一个既枯燥又充满乐趣的工作，摸索的艰辛、被拒稿的沮丧、成果产生的喜悦、获得认可的自豪，都是科研的一部分。要想做好科研工作，持之以恒和广泛交流必不可少。只有长时间的思考和探索才能“摸到”其中的脉络和精髓，同时，深耕过程的积累也是灵感迸发的基础、创新的源泉。

对于学生的培养，龚学庆坚持既要教给学生科学研究的规范、方法和基础知识，也要在潜移默化中传递科研品位、科研理念和科研追求，帮助学生克服焦虑，发现自己的不足，正视差距，弥补短板，实现自我提升。

“我是改革开放的同龄人，从年少求学到走上工作岗位，成为高等教育战线的一分子，投身立德树人事业，回想 40 年来的点点滴滴，感触颇深。一路走来，既感受到了国家物质文化生活水平的不断提高，社会民主法制建设的不断完善，经济科技实力的不断增强，也在海外留学和国际学术交流等经历中，深刻体会到了国家通过改革开放极大地推动了国际竞争力的提升。”龚学庆特别提及了 2018 年 12 月 18 日上午举行的庆祝改革开放四十周年大会，大会表彰了一大批为改革开放做出杰出贡献的代表人物，“让我们深刻体会到改革开放以来的成就都是全国人民一步一个脚印奋斗创造的，他们永远是我在工作生活学习上的榜样”。

“改革开放必然坚定地深入推进，我自己也将继续投身到这一伟大事业中去，不断加强学习，提高自己的业务能力，在学术创新上瞄准国际前沿并力争突破。同时，做好教书育人本职工作，努力为国家社会主义建设和实现两个一百年目标培育人才。”龚学庆期许道。

（本文原载于 2019 年 1 月 15 日《青年报》第 A6、A7 版）

【心语思】

我在国外攻读博士以及从事博士后研究工作过程中，一直考虑回国继续科研学术生涯。没想到的是，学校在我回国前就讨论解决了我的教授职称，并在半年后批准了博士生导师资格，让我极为感动。

在科研工作中，我注重瞄准相关领域的国际前沿问题，并结合所在课题组的研究特色，开展了稀土催化的理论研究，提升了学校在该领域的国际知名度。同时，我积极承担并开设全英文课程，陆续开设了本科生和研究生的全英文课程各 1 门。

工作中能做到任劳任怨，不求回报。当然，在我取得了一些教学和科研上的成绩后，学校也给予了极大的支持，形成了努力工作与回报的良性循环。在教学上，我努力做到言传身教，以向学生讲授知识、提供科学训练为主，力戒传递“负能量”，鼓励学生自强不息，安心读书。

我认为，做好本职工作就是对自己、对家人、对社会、对国家最大的尊重，现在取得的成绩，都是一步步走来的，每一步虽小，方向对了，一定能带领自己到达正确的位置。

执着追梦、坚持实干的“新药梦之队”领头人

——记华东理工大学药学院李剑教授[1]

人物名片： 李剑，华东理工大学药学院教授、博士生导师，校学科与专业发展规划处处长。兼任国家药典委员会委员，国家药品注册审评专家咨询委员会委员，担任 *Acta Pharmaceutica Sinica B*，*Chinese Chemical Letters* 等期刊编委，曾获华夏医学科技奖二等奖、药明康德生命化学研究奖、中国药学会—施维雅青年药物化学奖、中国药学会—赛诺菲青年生物药物奖、上海市青年五四奖章等荣誉，作为主要发明人的 8 项新药专利实现技术转让。

约访李剑教授时，他正在与学生讨论课题研究进展情况。李剑的办公室与书橱里放满了各种奖杯与证书，还有生物医药领域不同学科的大部头论著；实验室通风橱的玻璃面上，有不少研究生所写的古典诗词涂鸦之作。对于情理兼具、庄谐并举的团队小环境，李剑颔首微笑。

---

① 记者宣传采写。

千淘万漉虽辛苦　吹尽狂沙始到金

李剑在沈阳药科大学完成本科、硕士学业之后，于 2003 年进入中科院上海药物所攻读博士学位。2006 年，李剑博士毕业就加入了华理新成立的药学院，在药学院领导和同事的关心、支持和帮助下，积极开始建设药学院药物化学实验室。

工作之初，如何确定研究方向，让读书时的“新药梦”在个人的职业生涯中变为现实是李剑思考的重要问题。他仔细研究了新药的发展历史和发展现状，认真求教导师陈凯先院士和蒋华良院士，结合国内新药研制的实际情况，走访了几十家国内知名药企。经过两年多的思考与探索，2008 年，李剑开始致力于系统化、创新性、有实际应用价值的药物研发，对那些未被满足的临床治疗需求进行研究。同时，考虑到传统的药物研发周期长、风险大等情况，他另辟蹊

径，于 2011 年起，将研究方向聚焦于“老药二次研发”。

老药二次研发，关键的基础工作是建立一个上市新药实体库。由于经费紧张，李剑利用各种机会联络在药企工作的同学和朋友，请求赠送上市药物样品。每搜集到一种上市药物，他都如获至宝，分类、分装、分析，凭借着一股执着的劲头，目前，他的上市新药实体库已经有 1 400 多种药物，并在不断地扩充。李剑在介绍实验室冰柜里的“宝贝”时，自豪又充满信心地说：“目前，全球上市一类化药共有 9 000 余种，我的实体库里已经搜集了近六分之一。”“不要小看这些小小的玻璃瓶里的药物，这就是我们团队的造梦空间，将它们作为探针分子可以研究出全新的药物靶标，开发出全新的化学结构，形成新的药物。”

李剑把每一次承担新药研发项目的机会都看得十分宝贵，从每个环节的设计、实验数据的分析、过程的监控，他都和团队的师生一起讨论。他认为，只有扎扎实实地投入一线的科研中，才能收获成果。在多年的新药研发经历里，李剑坚持研究只从学术角度来讲创新，不与市场相脱节的思路。他认为，科研成果不能“锁在抽屉”里，科研人员要坚持与制药企业和临床医生多交流，服务社会需求。围绕着科技成果转化，李剑曾经多次参与过和企业界的商业谈判，参与过 3 项新药专利转让的项目。在学术研究与成果转换的复杂过程中，他学会了换位思考，能够从企业、市场、病人等多个角度来审视自己研究的产品。

作为项目负责人，李剑主持了 20 余项国家和省部级课题；在国内外重要刊物发表论文 120 余篇，以通讯作者身份发表的代表性论文包括 1 篇《自然—化学生物学》论文、1 篇《自然—通讯》论文、12 篇美国化学学会《药物化学杂志》论文（J Med Chem）；申请发明专利 48 项（授权 17 项），其中 1 项抗艾滋病的新药专利转让给上海医药集团，2 项抗耐药菌的新药专利转让给人福医药集团；获重大新药创制专项资助 3 项……这些都是他勤奋踏实付出的成绩，也是他通向更高阶梯的坚实脚步。

立德树人育桃李　薪火相传新药梦

李剑说，他已故的师祖嵇汝运院士曾说，“与其说名师出高徒，不如说高徒出名师”，他对此非常赞同。一个好老师对学生的影响至关重要。他在沈阳药科大学读硕士期间，有幸成为有机化学教研室主任张守芳老教授的最后一个学生，张老师对他在科研上的要求十分严格，对生活则十分关爱，这让他深深体会到了“严师”的魅力。读博期间，他又遇到蒋华良和柳红老师。“他们激发了我的研究兴趣，支持我独立探索，给予我很多教诲和指导。这些都成为我工作后的宝贵财富。”正是恩师对他的影响，使李剑尤其重视对学生的教育，传承优良师风，立志要为国家培养一流的人才。

从博士毕业开始从事本科教学起，李剑一直在和学生们一起成长。他始终觉得高校教师与研究所研究员的本质区别在于，研究员的重心是科研，但是高校教师更重要的任务是育人。虽然到奉贤校区为本科生授课非常费时，但他在担任繁重的行政工作的同时，仍坚持为本科生讲授专业核心课药物化学，希望能够尽可能多地影响一些学生，引导他们走上新药研究的道路，培养出更多优秀的科教人才。他觉得这才是自己作为大学教师最根本的任务。

在研究生培养方面，李剑在一年又一年的摸索过程中，积累了不少心得。他创建了一个微信小组，所有教过和在读的研究生都在其中，他给这个小组取名叫作“新药梦之队”。他说自己常常给学生灌输一种制药人的使命感，那就是既然国家和学校为科研人员提供了很好的培养条件，就要把研发良药、治病救人当作自己的使命！他要求研究生加强团队合作，在研究的过程中要严谨、务实，每一个科研数据都要经得起检验。他坚持每周的课题组组会和常态化的“一对一”与学生交流，了解每个人的课题进展；通过安排 1～2 个博士生带 2～3 个硕士生的小组制、每周例会 PPT 汇报各自课题小组的进展等多种形式，形成了课题组良好的团队协作和“传、帮、带”效应。毕业的学生如有困难，李剑也都尽量和团队的师生一起帮忙解决。他说：“新药研制是系统工程，只要能为这个事业做贡献，不管是在读的学生还是毕业的学生，都是共同的责任。”

任职近 12 年，李剑培养毕业了近 40 名研究生，在读的研究生还有 20 名左右。他希望能为学校、国家培养出更多服务于国家发展、致力于改善人类健康的药学人才。他更希望建成一支学术水平高、具有国际视野、能够承担国家重大课题的科研团队，开发出具有自主知识产权的新药和良好成药性的新药靶标，促进我国药物化学学科的发展。

胸怀家国情怀　创制济世良药

“我的成长离不开学校的支持和培养”，谈到未来的发展和想法，李剑说，“在研发立项过程中，我都会问自己，要瞄准哪一个目标人群？对于这一类病患而言，是否存在着未被满足的医疗需求？如果已经有药物问世，品种有多少、是否还有不足之处、有哪些具体的劣势是可能被我超越的？其实很多新药的研发周期长、失败率很高，但失败也是一种贡献。只要认准了发展方向，就执着去追，不问结果，只问付出。”

对于我国新药创制在未来 10 年左右的发展，李剑抱有非常乐观的态度。在国家层面，科技部重大新药创制专项实施了 3 个“五年计划”，打造了很多综合性和单元性的技术平台，这使得药物研发人员进行新药研究取得了事半功倍的效果。对于未来发展的新目标，李剑说要有家国情怀，服务健康中国战略，培养医药人才，研制济世良药。他计划在两个方面有所突破。一方面，在关键技术上，充分考虑到老药优良的安全性、生物相容性、合成可及性、SAR 清晰性等特征，他将进一步丰富和完善“老药探针库→老药新用（新靶标/机制研究）→新结构二次研发→药物发现”技术体系和平台，探索出一条有别于传统药物发现流程的策略，希望有效提高药物发现的成功率，为我国药物发现的源头创新提供一些可供选择的新靶标或新机制线索，也为化学生物学研究提供一批良好的化学探针和工具分子。另一方面，在服务国家战略需求上，对接社会需求解决难题，研发一类“不杀菌类”抗生素，破解耐药菌感染这一公认的世界公共卫生难题。此外再继续丰富老药实体库，在已有的116个中枢神经系统药物基础上，构建一个规模约800个分子的中枢系统老药实体库，应对我国人口老龄化社会难题，开展老年人相关疾病新药的研究。

在谈到自己从事了很多行政工作时，李剑说：“读书时候曾立志成为一位专攻学术、心无旁骛的科学家；而现在承担了很多行政管理工作，其实是为了帮助更多的专家、教授成为服务国家和社会的科学家。既然承担了管理工作，就希望能将更多的精力用于管理工作。学校培养了我，我愿意为学校的发展贡献自己的力量，也希望自己在学术研究和管理育人两方面都能有所收获。”

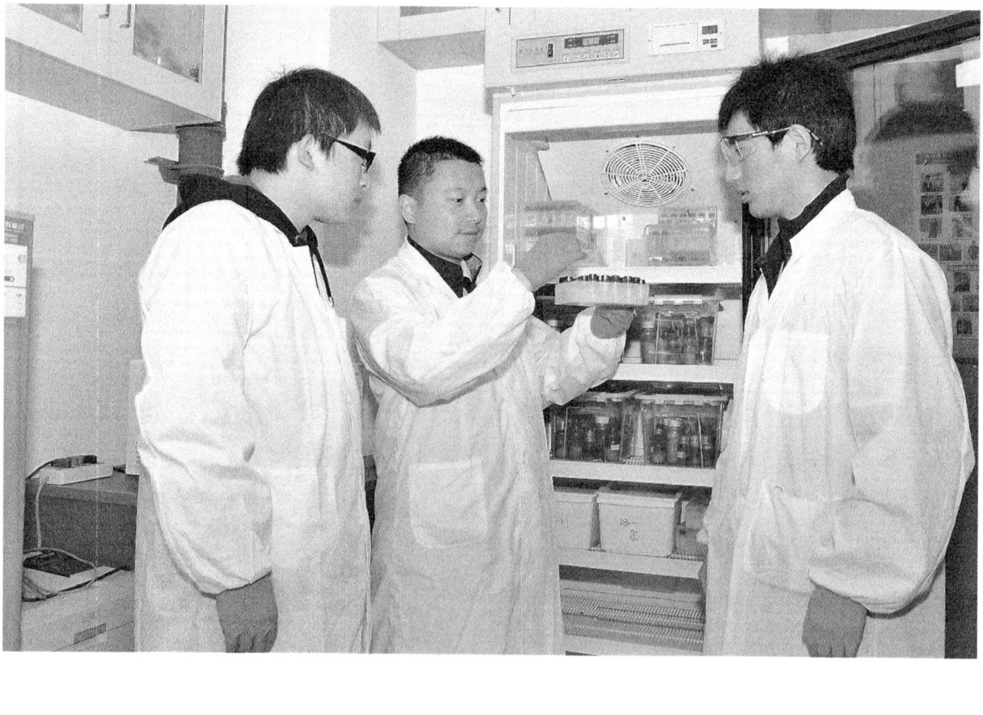

都说醉过方知酒浓，爱过才知情深……醉于研究、深爱学生、倾心付出才是李剑追逐梦想的动力！期待李剑的团队和未来的学生们，能够在新时代更好地践行创制良药的使命。

（本文原载于2018年6月21日华东理工大学新闻网）

【心语思】

与其说名师出高徒，不如说高徒出名师。学校是否知名需要众多名家大师，教师能否成为名家大师，检验的标准是培养学生的质量。作为一名大学教师和研究生导师，职业生涯成就感最强的事情是培养的学生能成为国家和社会发展的栋梁之材。每一名学生都是一个独立的个体，教师需要发掘和引导学生个性化发展，培养学生胸怀“三心”：健康向上的心、敢于担当的心、学成报国的心；铭记“三情”：母校情、师生情、同学情。

学生眼中的“男神”博导

——记华东理工大学材料科学与工程学院江浩教授①

人物名片：江浩，华东理工大学教授、博士生导师、超细材料制备与应用教育部重点实验室副主任、中国颗粒学会青年理事会理事、上海市颗粒学会副理事长；以第二完成人分别获得2014年度上海市自然科学一等奖和2015年度教育部自然科学二等奖；获国家优秀青年科学基金、国家万人计划青年拔尖人才、教育部新世纪优秀人才、上海市东方学者特聘教授、上海市青年五四奖章等荣誉，入选2018年全球高被引科学家（科睿唯安）。

实验十五楼一间窗明几净的办公室里，六七名研究生在外间对着电脑认真地查着资料，里间则坐着一位身材中等偏瘦、肤色白净的老师。他戴着一副框架眼镜，说起话来声音不高，但思路清晰、条理分明。他就是材料科学与工程学院年轻的博士生导师、学生眼中的“男神”——江浩教授。

江浩为什么会被学生敬为“男神”？他有哪些故事？让我们来一探究竟——

① 记者卞慧采写。

科研：守得初心

“让储能设备用百米冲刺的速度跑马拉松。”江浩用一句话形象地概括他的科研方向。他主攻储能材料与器件，主要从提升储能设备快速充放电能力与循环寿命、开发高能量密度的电极材料、研发柔性储能器件等三个方面展开研究工作。

以电动汽车为例，起步和爬坡时需要很强大的动力，这时超级电容器能发挥作用，因为它能在短时间内释放强大电能。正常行驶时，需要的不是那么强的动力，而是稳定、持久的动力，跑得越久越好，这时往往用的是电池。到了充电的时候，人们又希望电池尽快充满，好早点奔赴目的地。但常识告诉我们，多次充放电后，电池就“命不久矣”。能否研发出性能优异的超级电容器，以及兼具快速充放电能力与循环寿命的电池？

传统的电池主要包含电极、隔膜和电解液等。电极是电池的关键部位，占到电池成本的50%左右，提高电池性能离不开电极材料。使用电解液的电池在使用上有很多限制，若能将“电解液”部位的液体变为胶体，就能制成柔性电池，扩大其使用范围，还不用担心电池漏液。

瞄准这些生产生活的实际需求，从2011年入职华理起，短短几年时间，江浩带领研究团队取得了一系列研究成果——在材料、化学化工主流期刊发表SCI论文90余篇，12篇论文入选ESI“高被引论文”；SCI他引超过4 300次，单篇论文最高引用668次，影响因子达到31；主持3项国家自然科学基金项目和10项省部级项目；在国际会议上做邀请报告17次，获8项中国授权发明专利。

丰硕的科研成果也给他个人带来成长——2013年破格晋升教授，先后入选上海市浦江人才计划、教育部新世纪优秀人才、上海市曙光学者、上海市青年科技启明星、上海市青年拔尖人才、第三批国家“万人计划”青年拔尖人才，获得国家优秀青年科学基金。

面对成绩，江浩很淡定。他表示科研要守得初心：“从考取博士研究生开始，我就想成为科研工作者，把学到的理论和经验分享给更多的人。我会一直

坚持下去。”

育人：亦师亦友

男神、完美主义者、注重细节、充满正能量、带给人希望……学生们给他贴了很多标签，说得最多的是感觉他亦师亦友。

学习上，江浩对学生们的要求很严格。他的研究生要被他“问到没有问题可问”，才能动手写论文。初稿出来后，要修改 10～20 次，因为不仅“江老师要挑毛病”，他还发动组里的学生一起研究，不管是逻辑、语言，还是格式、用字，都精益求精。为什么要做这么多“磨刀功夫”？江浩表示：“如果多次被拒稿，那会打击学生的信心和积极性。”为了锻炼学生，帮助他们拓宽视野，他要求博士研究生每年都要参加学术会议，在读期间至少出国参加 1 次学术会议，硕士研究生在读期间至少参会 1 次，要做口头报告。

“出了办公室，江老师就是另外一个人。”研究生王海燕说。科研工作是枯燥的，也总是会碰到很多困难，“让人想要崩溃”。“如果学生情绪‘崩溃’了，江老师就是那个给希望的人。”研究生陈灵提起一个故事——有一次，她的论文初稿没有达到老师的要求，心情很差。注意到这一点的江浩于晚上 11 点 55 分给她发 QQ 消息、打电话，她都错过了。“后来他又打电话，跟我聊到凌晨 1 点。讲他自己以前是怎么做的，告诉我每个人都是这么过来的，不要说泄气话，要抓住机会。后来我很快就处理好了出现的问题。”

每个礼拜，江浩都要抽出半天到一天的时间，与每名研究生单独交流，分析研究进展，谈工作计划。他希望学生花精力提升分析问题、解决问题的能力，而不是担心找工作的事情。他说：“如果学生担心工作问题，就表明没有真正学到东西。”他还细心地观察到，寒假后回校时学生思想动荡比较大，因为回乡后与同学比较、与亲人交流后会对自己重新定位。江浩这段时间就会多花工夫关心学生的思想和情绪。

对本科生，他也一样舍得花时间，主动到奉贤校区上课，与学生座谈；鼓励学生来实验室参观，与学长交流。他还提交了教学大纲，准备在新能源专业开设一门核心课程。

学生们没有让江浩失望。从 2013 年起，他指导的研究生中有 4 名博士、7 名硕士获得国家奖学金，有 1 人获得成思危荣誉奖学金特等奖，指导的 5 名本科生获得“挑战杯”上海市二等奖。

“他不仅是学习上的导师，也是人生的导师。”在学生眼里，他儒雅风趣，有谦谦君子之风，无愧于“男神”的称号。这位 1980 年年底出生的年轻博导，用兴趣带领学生发现科学之美、学问之味。他说，科研和育人都没有休止符，他要一步一个脚印地走下去。

（本文原载于 2018 年 6 月 1 日《华东理工大学周报》第二版）

【心语思】

俗话说：“亲其师，则信其道；信其道，则循其步。”如果说教师是旗帜，学生紧跟着它走；如果说教师是路标，学生毫不迟疑地顺着标记前行。我始终认为，研究生导师不仅是学习上的导师，也是人生的导师。我有责任带领学生发现科研之美，找到兴趣所在，同时也要让学生们学会如何成为更优秀的有用之才，为踏入社会做好充分的准备。因而，我特别注重平时科研教学中的言传身教，对自己和学生都提出高要求，重点培养学生发现问题和解决问题的能力。我也十分注重和学生之间的交流，用心去了解学生的工作进展和心理变化，并及时妥善处理问题。我相信沿着这条路一直走下去，学生和我都在进步，这才是最后的双赢状态。

在生命科学领域发出华理声音

——记华东理工大学药学院赵玉政教授①

人物名片：赵玉政，华东理工大学教授、博士生导师，国家优秀青年科学基金获得者，中国科学技术协会首批“青年人才托举工程”优秀人才，上海青年科技英才，上海市青年拔尖人才，上海市青少年科技创新市长奖获得者；主要研究方向是细胞代谢成像新技术与创新药物开发，以第一作者或通讯作者身份发表1篇 *Nature Methods*、2篇 *Cell Metabolism* 和2篇 *Nature Protocols* 等高水平论文，已申请15项中国发明专利（授权6项）和3项国际PCT发明专利（授权2项美国发明专利）；研究成果在国际上产生重要影响，相关技术已被全球来自哈佛大学、斯坦福大学、麻省理工学院、牛津大学、剑桥大学等的300多个实验室跟踪应用。

药学院年仅35岁的赵玉政，是2016年华理首位“特聘研究员”。继入选中国科学技术协会首批“青年人才托举工程”，获上海市青年拔尖人才等荣誉之后，2017年他又获得国家优秀青年科学基金。入选“特聘研究员”的2年内，

---

① 记者卞慧采写。

发表了7篇影响因子超过5的重要科研论文（其中3篇发表在*Nature*的子刊上），获得5个国家级项目、2个省部级项目。今年，他还获得了学校“第四届青年英才校长奖”特等奖，并作为获奖代表在学校举行的“2018年教师节庆祝大会”上分享了科研心得。

年轻的他，何以在短短几年之内取得如此令人瞩目的科研成果？他的团队，在科研上又有怎样的“绝招”？

生命科学领域的华理声音

细胞代谢是生命活动的基本特征，也是最直接和最动态的反映。它不仅参与了生物体内众多的生命活动，如细胞增殖、分化、衰老和死亡等，也与多种疾病的发生和发展有密切关系。因此，精确认识细胞内部代谢规律，对认识生命过程本质、解析疾病分子机制、促进新药发现具有重要意义。然而，传统的代谢研究方法难以在活细胞、亚细胞以及活体水平原位实时追踪代谢物变化，更难以应用于高通量的化合物或基因筛选，这些严重制约了相关领域的发展。

赵玉政团队的主要工作就是开发细胞代谢的检测与成像技术，发现癌症等代谢性疾病的候选药物。

“原位、高时空地检测细胞代谢状态是生命科学研究的一个瓶颈问题和迫切需求。”赵玉政介绍说。烟酰胺腺嘌呤二核苷酸（NADH/NAD+）及其磷酸化形式（NADPH/NADP+），作为生物体内两对最重要的辅酶和核心代谢物，常被用作评价细胞代谢状态的关键指标，与衰老及相关疾病如癌症、糖尿病、肥胖症、心脑血管疾病、神经性退行性疾病等的发生发展密切相关。鉴于它们的重要性，该领域的相关研究先后四次被授予诺贝尔奖。

赵玉政等人针对细胞内核心代谢物NADH和NADPH，发展了系列高性能的荧光探针，并建立了原位、实时、动态的高通量分析方法，解决了细胞代谢研究中的两个关键技术瓶颈问题，这一技术革新，为长久以来依赖细胞裂解的传统生化分析方法提供了一种重要的研究工具。鉴于NADH和NADPH在细胞代谢和信号转导中的中心作用及其在疾病诊疗中的重要性，对动物、细胞内NADH和NADPH分布及其代谢进行原位、实时动态的定量检测和成像，不仅

为人们更好地理解物质与能量代谢的调节机制和代谢网络提供创新性的研究工具，也为癌症等代谢性疾病的诊断与创新药物发现提供重要技术支撑，对人类生命健康具有重要意义。

他们的研究成果在国际上产生了重要影响，目前，相关技术已在哈佛大学、麻省理工学院、牛津大学、剑桥大学等200多个国内外一流机构、实验室运用，更是在细胞代谢成像领域处于国际领先地位。

掌握一项新的检测技术就像手握探照灯，科学家能够借此发现更广阔的研究领域。当前，国家提倡大力发展基础研究，前沿基础研究是原始创新力的源泉，是智力资本积累的重要途径，是跻身世界科技强国的必要条件，是建设创新型国家的根本动力。赵玉政团队专注于生命医学领域前沿关键技术的研发，在生命医学领域发出华理声音，提供华理方案，贡献华理智慧，方能取得那样的成果。

勤奋是通往成功的桥梁

说来奇怪，在读本科时，细胞生物学是赵玉政唯一挂科的科目，现在竟成了他钻研的领域，还能取得那么多成果。这不免让人费解。

“基础不好不等于将来做不好，后天的勤奋努力更加重要。这是通往成功最重要的桥梁。”赵玉政这样鼓励他的学生，他自己也身体力行，践行着勤奋这一自我要求。

从2007年他到华理攻读硕士、博士学位至今，已有十几个年头。多年来，他仅仅给自己放过一次暑假，那还是在读研的时候。忙的时候，一个星期他的工作时间会超过100小时，上课、学术交流、指导学生、撰写论文、申报项目

等，一项项工作应接不暇。他有些愧疚地表示："孩子上幼儿园，我一次都没接过他。"

导师杨弋教授在他刚入学的时候就鼓励他："读研期间要争取在国际顶级期刊上发表论文。"他曾经觉得那是个遥不可及的梦想，但35岁的时候，他就以第一作者和通讯作者的身份发表了3篇 *Nature* 子刊和2篇 *Cell* 子刊论文。现在，他经常用这件事来激励自己的学生。目前，他指导的学生陶荣坤、王傲雪、邹叶君、李写等都在 *Nature* 或 *Cell* 子刊上发表了论文。原来不敢相信自己也能发这样高水平论文的学生，现在手里已经有不止一篇了。

近几年，赵玉政在细胞代谢荧光探针与成像原创技术上做了系统工作，以第一或通讯作者在 *Nature Methods*、*Cell Metabolism*、*Nature Protocols*、*Curr Opin Biotechnol*、*Antioxid Redox Signal*、*Free Radic Biol Med* 等著名期刊上发表论文15篇，编写英文著作 *Methods in Enzymology* 的一个章节，申请了11项中国发明专利（授权4项）和2项国际PCT发明专利（授权2项美国发明专利）。

他的研究团队现有教授1人、助理研究员1人、讲师1人，是一支在国际药物化学生物学前沿交叉领域有竞争力的创新团队。站在新的起点，瞄准国际前沿基础研究，针对衰老、癌症、糖尿病、肥胖、神经退行性疾病等代谢相关疾病，发展创新性的研究技术，在代谢成像、药物发现、疾病诊断上不断取得突破进展，形成国内独具特色、国际知名的研究群体，推动生命科学、精准医学和药学等相关学科的发展，面向国家人口与健康领域的重大需求，发出更响亮的华理声音，助力"健康"中国。

（本文原载于2018年10月12日《华东理工大学周报》第四版）

【心语思】

学校不拘一格选用人才，引育并举，从推出“青年英才培育计划”到推出“特聘研究员”计划，再到构建全方位“汇贤人才体系”，我不仅是一个亲历者，更是一个受益者。我们青年教师从长出羽翼到不断磨炼，再最终插上腾飞的翅膀，振翅翱翔，无不得益于学校的青年教师培养机制和发展平台。

古人云，“经师易得，人师难求”。一个优秀的老师，应该是“经师”和“人师”的统一，既要有扎实学识，精于“授业”“解惑”，更要有理想信念、道德情操、仁爱之心，以“传道”为责任和使命。在今后的工作中，我将继续以坚定的信念、顽强拼搏的精神、求真务实的态度，积极投身“双一流”建设，在做好教书育人工作的同时，继续攀登科研高峰，为学校乃至我国的教育事业和科技发展做出自己应有的贡献！

科研长跑，把荧光染料做到极致！

——记华东理工大学化学与分子工程学院郭志前教授①

人物名片：郭志前，华东理工大学教授、博士生导师，国家优秀青年科学基金获得者，上海市曙光学者，上海市浦江人才，主要从事精细有机化工领域的相关研究，开展功能性生物荧光染料创制和应用研究，发展了系列高性能、精细化、可产品化的近红外荧光染料；在国际一流期刊上发表 SCI 论文 60 余篇，SCI 他引 4 500 余次，H 指数为 33，4 篇文章被选为期刊封面文章。

"踏踏实实做研究。"郭志前对自己 14 年来的科研之路如此描述。言语虽质朴，但其背后支撑的却是沉甸甸的创新成果——发表 SCI 论文 60 余篇，SCI 他引 4 100 余次，其中 14 篇文章他引超百次，3 篇文章当选期刊封面文章；申请国际 PCT 专利 1 项，中国发明专利 6 项，其中 2 项已授权，相关的两个荧光染料已实现商品化。

自从事研究工作以来，郭志前始终专注于近红外荧光染料的结构创新、性

① 记者石翎采写。

能提升以及荧光传感技术在生命信息科学领域中的探索与应用，希望能够早日打破国外公司的核心技术垄断。“作为一名科技工作者，我的目标是在技术研发上向‘完美’二字无限接近。”郭志前早已下定决心，要在科研这条路上继续长跑下去。

精准医疗的明天，用技术编织

精准医疗是什么？郭志前的心中有一幅蓝图：通过荧光分子成像，未来只要打上一针，就能看到是否有肿瘤发生，肿瘤细胞在哪里，药物应该在哪个部位发生作用。在诊断的同时还能予以治疗，药物在体内运行到哪里，何时释放，持续时间长短，发生作用大小等也能实时精准监测并可加以调控。这样一来，不仅有益于肿瘤的早发现、早诊断、早治疗，大大提高治愈率；也可以通过准确定位，只杀坏细胞，不伤好细胞，大大缓解病人在治疗中的痛苦。

荧光分子成像与 CT、核磁共振、超声造影等一样，也是一种疾病诊断技术，在精准医疗中大有用武之地。郭志前在科研中所聚焦的荧光染料在生物医学领域具有非常广阔的应用前景，尤其在荧光识别与荧光成像方面具有快速、安全、高效、无创等特点，非常适合应用于疾病的早期诊断和引导治疗。

多年来，在中国科学院院士田禾团队和朱为宏教授的支持与指导下，依托结构可控先进功能材料及其制备重点实验室，郭志前在近红外荧光染料领域扎实前行，在基础与应用研究方面取得了一系列步步推进的显著成果：突破传统荧光染料瓶颈，创新性地构建具有自主知识产权的新型近红外染料母体结构——喹啉腈单元，显著提升荧光量子效率；创新性地发展共轭体系可控的近红外菁染料，构建了可视化的近红外锌离子荧光识别染料，在实时生物成像领域极具启发与推广意义；创新性地开发成本低、可推广、易规模化的荧光染料制备方法，如多通道涡轮瞬时沉淀法和核壳硅材料物理包裹……

未来，在前期积累以及参与国家“973”“863”计划项目，主持国家重点研发计划“精准医学研究”重点专项“小分子荧光探针”子课题的基础上，他将和研究团队一起进一步拓展近红外荧光染料在精准医疗中的精细化应用，努力推进国家在科技规划中重点支持的“先进光电功能材料”领域的发展。

点点微光汇聚成明灯

2004 年，郭志前来到华理攻读研究生，自此，他便扎根华理，与荧光染料结下了不解之缘。

读研期间，他受命的第一个研究课题是突破一个 OLED 材料的核心专利技术。沉下心来的郭志前足足花费一年多的时间，最终开发出了产率更高的红色发光材料合成优化路线。郭志前的科研潜力由此显现，导师朱为宏也看好他，便动员他读博。此后，他便留在了华理。

谈到投身科研，郭志前表示：“当初也没想过自己会从事科研，能做到现在，大概是因为自己做事比较踏实，耐得住性子，有些自学能力，能自律。”

瞄准研发高性能荧光染料的目标，郭志前在研究中十分注重源头创新。传统的荧光染料性能若要好，波长就要长，一旦波长调长，荧光就会熄灭，这一

直以来就是个难题。对此，郭志前则直接从改造染料的母体结构着手，将母体分子中的一个氧原子变为了氮原子，如此巧妙的一步，便化解了难题，并且大大提升了染料的性能，实现了效率与波长的兼顾。

然而，这看似简单的一步，背后却是数年间经历的无数次尝试与失败。解决上述问题的灵感就来自一篇偶然看到的 20 世纪 20 年代的文献，其中蕴含着截然不同的研究思路。郭志前立即将其应用于自己的研究中，经过反复尝试直至最后成功！此后，新母体、新机制、新方法，郭志前不断在挫折与难题中接受磨砺，创新性研究成果也是一步一个脚印，源源不断。

做科研，尤其是基础研究，郭志前也常常感觉身处黑暗。“无论读博还是做事，不是因为看到希望而去坚持，而是因为坚持才看到了希望。”“简单的事重复做，多坚持一点点，就有可能成功。”“必须有足够的积累和知识储备，保持长久的耐力。”郭志前是这么做的，也是如此教导学生的。

科学的世界浩瀚无垠，郭志前深深潜入了荧光染料的世界，正是凭借十数年坚持不懈的努力，点点滴滴的微光终于汇聚成了一束光，坚定执着地投射向未来的远方——向高性能染料药进发，迎接精准医疗的明天！

（本文原载于2018年9月20日华东理工大学新闻网）

【心语思】

天道酬勤，要有好的收获，必须有超常的付出，更要有执着的追求，“不忘初心，方得始终”。选择从事科学研究，注定走的是一条充满荆棘的路，只有敢于创新才能走出属于自己的路。对于工作和生活，我都坚持“踏实做人、认真做事”的人生态度，常怀感恩之心。作为一名教师，教书育人至关重要，把自己的学生当朋友，敞开心扉地与他们交流，尊重他们的思想，维护他们的利益，共同学习进步，不怕出错、出丑，敢于虚心向学生学习。

让人工智能与传统化工擦出火花

——记华东理工大学34岁的全球“高被引科学家”唐漾教授①

人物名片：唐漾，博士，华东理工大学教授，博士生导师，德国洪堡学者。2015年入选国家青年高层次人才类项目。主要研究多智能体系统、自主无人系统、过程系统风险预警和辅助决策，在*Nature*子刊、*Automatica*、*IEEE*汇刊和美国物理学会会刊等国际期刊上发表论文60余篇，其中包括*IEEE*汇刊和*IFAC*会刊论文50多篇。2018年获得上海市“青年五四奖章”，2017—2018年入选ESI高被引学者（科睿唯安）榜单。

在美国科睿唯安（原汤森路透）发布的全球2017年“高被引科学家”名单中，中国共有249位科学家入选，1983年出生的唐漾教授可谓其中的一匹“黑马”，不但与多位院士并列成为“高被引科学家”，同时也是上海市计算机学科领域唯一的“高被引学者”。

27岁成为德国洪堡学者，31岁成为华东理工大学特聘教授，如今，唐漾的

① 记者张婷采写。

“开挂人生”还在华理继续升级。长期从事复杂网络/多智能体系统和信息物理融合系统等方面研究工作的唐漾，正着力探索人工智能与传统化工的交叉融合，为新旧动能转换贡献才智。

根植沃土生长

人才创新是发展的最大“富矿”，唐漾正是华理信息科学与工程学院以不拘一格的方式“淘”到的“人才真金”。

虽入职华理不满三年，唐漾与华理的结缘却已多年。唐漾在德国深造时，华理副校长钱锋、信息学院时任院长（现信息科学与工程学院党委书记）侍洪波教授就发现了这个“好苗子”，并帮他规划将来以何种形式来华理工作。

来到华理后，唐漾在全新的环境中不但没有“水土不服”，还似根植沃土般“繁茂生长”，并迅速成长为钱锋带领的智能控制与优化科研创新团队的青年骨干，钱锋所带的团队与他一起寻求传统化工与人工智能的增长点。对此，唐漾表示，自己的发展离不开学院和团队在人力资源、空间、经费、平台、机会等方面给予的全方位的大力支持及指导。

事实确实如此。科研用房紧张，信息学院就把奉贤校区的学院领导值班室合并到教务办公室，腾出空间给唐漾组建自主机器人实验室，还尽所能地从改革转型事业费的人才专项里，一次性给予唐漾 10 万元津贴；学院博导人均生源不足 1 人，但保证唐漾每年 2 个博士生、4 个硕士生的招生名额……

既要筑巢引凤，更要固巢养凤。相对于诚意满满的各种“待遇”，信息学院院长杜文莉教授认为，让唐漾的个人发展与学科建设紧密结合更为重要，这就需要团队对其委以重任：一入职华理，就进入钱锋领衔的课题组协助指导博士生薛梦奇，目前薛梦奇正在美国加州大学河滨分校联合培养，已发表 *IEEE* 汇刊论文一篇；参与“111 引智计划”石油化工行业智能优化制造创新引智基地建设，并逐渐成为基地建设的主要联络人；作为主要组织者组织了 2017 年“流程工业智能优化制造”国际研讨会，并作为专刊执行编辑与中国工程院院刊 *Engineering* 合作出版学术论文“流程工业智能优化制造”。

自身的优异和努力，加上信息学院提供的生长环境和土壤，唐漾在完成一

个个重担的过程中，与学院和团队完美地相融在一起。

推动化工“智”造

新旧动能转换，人工智能作为新一轮产业变革的核心驱动力，其发展将深刻改变人类社会生活，改变世界。

唐漾的研究，主要围绕群智能和自主智能系统两个方向开展，研究机器人自主控制智能理论和技术，目的是实现高动态、高维度、多模式分布式大场景感知、认知和决策。“具体包括多机器人协同感知、控制和优化，信息物理融合系统及其在智能制造领域的网络化协同制造的研究，提升流程工业智能制造安全环境溯源、预警和辅助决策能力。”唐漾说。

看似是两个学科，但在唐漾这里，人工智能却与传统化工擦出了火花。

据唐漾介绍，大型化工厂在生产过程中会出现诸如气体泄漏等安全隐患，运用人工智能技术则可以布局无人自主的安环检测，通过人机交互实现多元异构安全知识融合，实现化学品全生命周期的感知和决策。“通俗点讲，就是把分布式传感器‘扔’到完全陌生的环境，不但给眼睛让它看见，还给它智慧，让它智能地感知环境波动并做出预警。”

2017 年年底，唐漾领衔的“基于人机合作互学的炼油生产风险预警与智能决策”项目获得国家自然科学基金人工智能应急管理项目的资助（全国仅有 25 项），项目的实施将有力地推进流程工业安全化、智能化发展。

炼油工业是国民经济的支柱产业，提升以炼油过程为代表的流程工业智能化安全生产水平对推进智能制造战略具有重要意义。唐漾以应用为导向开展基础研究，将针对炼油生产面临的诸如设备性能、原料特性、工艺流程、市场营销、操作技能等不确定性和开放性环境扰动因素，考虑炼油生产过程风险预警与智能决策的需求，研究基于人机合作互学的复杂系统分析与决策方法，建立一整套面向炼油过程异常工况根因分析、异常工况传播分析、风险预警决策生成机制的理论方法和关键技术，最终形成面向炼油过程的智能化辅助决策技术，并在典型炼油装置上应用验证。

让优秀成为一种力量

在唐漾的英文主页介绍上，有这样一句话：每年 2 名博士，4 名硕士，同时欢迎本科生加入本科毕业设计和相关实验室活动中。

对唐漾来说，育人一直是他所热爱的事情。尽管科研和学科建设工作繁忙，他依然是两门课程的主讲教师，担任着本科电信 176 班的班导师，同时指导本科毕业设计和大学生创新活动。

虽然来华理不久，唐漾却已拥有不少“粉丝”，信息工程 151 班的王雨晨即为其中之一。在浏览学院网站时，王雨晨看到唐漾在多智能体系统、机器人/车辆/飞行器协同控制等方面的研究比较前沿新颖，就主动发邮件向唐漾请教深度学习、强化学习等方面的学习疑惑，师生就此建立联系。经过多次交流，2017 年 11 月，王雨晨正式加入唐漾的实验室，开展基于深度强化学习的无人机控制方面的创新研究，并申报了由唐漾担任指导老师的 2018 年大学生创新创业训练

计划项目。这是唐漾第 3 次担任大学生创新创业训练计划项目的指导老师。在唐漾的推荐下，他指导过的另一名学生沈阳已成功申请到日本东京大学研究生项目，于 2018 年 9 月赴日本深造。

不仅是对学生的培养，杜文莉教授还希望唐漾能成为学院青年教师的榜样，激励更多青年教师成长成才。据杜文莉介绍，为了激发青年教师的“自我意识”，信息科学与工程学院于 2012 年实施“优秀青年骨干教师培育计划”，对入选的青年教师给予 2 万元/年的特殊培养津贴，16 位入选者中，已有多人成长为学院的青年骨干教师。

作为“伯乐”，侍洪波教授非常欣喜于唐漾与华理的全方位融合，更希望唐漾不仅是个案，而是成为一种现象，学院乃至学校能够打破传统的条条框框，更好地发现、引进、用好人才，服务于华理的“双一流”建设。

（本文原载于 2018 年 3 月 26 日华东理工大学新闻网）

【心语思】

作为一个青年教师，无论是教学工作，抑或科研工作，还是学生指导，既需要持之以恒的专注、坚持不懈的奉献，也需要面向国家战略需求的科研方向。

作为一名工科科研工作者，不仅需要在前瞻性科研方面扩大研究的影响力，同时需要从实际工程出发，解决应用基础问题，对行业、国家急需的方向布局，力争解决“卡脖子”瓶颈。感谢华理信息科学与工程学院和团队的土壤，能充分给予我机会和平台，从行业背景出发，围绕多智能体系统、自主无人系统、过程系统风险预警和辅助决策开展应用基础研究。

作为一名教师，我希望通过自己的言传身教，与学生亦师亦友，一起成长，教育学生、帮助学生、指导学生，力求指导每个学生在自己的研究方向上取得进展，有所建树，引导本科学生培养好的学习习惯，让学生在华理不仅能有所担当，有所进步，而且得到历练，拓宽视野，成就人生。感谢我的学生，我们教学相长，获益匪浅。

把“论文”从上海写到青海格尔木

——记华东理工大学2016—2018学年“优秀共产党员”、资环学院孙泽副教授①

人物名片：孙泽，华东理工大学副教授，资源循环科学与工程系主任。科研工作始终聚焦国家急需的“卡脖子”产业化技术，集中精力解决熔盐储能、盐湖资源综合利用中的关键科学、技术问题，坚持奋战在青藏高原十几年，发表论文近百篇，获得授权专利15项。参与的工作曾获国家科技进步二等奖、上海市科技进步一等奖，并获学校第四届青年英才校长奖、校2016—2018学年优秀共产党员、青海省学科带头人等荣誉。

“到国家需要我的地方贡献智慧和才干！”2016年，我校资源与环境工程学院党员教师、国家盐湖资源综合利用工程技术研究中心的孙泽副教授奔赴海拔2 900米的青海格尔木，在我国最大的钾肥工业生产基地青海盐湖工业集团股份有限公司挂职服务了整整一年，为西部开发与建设做出了贡献。当时，他的孩

① 记者石翎采写。

子仅八个月大。

挂职期间，孙泽将挂职工作与科研结合，埋头苦干，不仅赢得了公司党委书记、董事长的赞许——“用自己的实际行动诠释了盐湖勤奋、谦虚、奉献的核心价值观，为盐湖发展做了大量的工作，值得充分肯定和学习”，而且获得了一项国家自然科学基金面上项目的立项，荣获“青海省第十二批自然科学与工程技术学科带头人”以及“来青服务优秀博士”等荣誉称号。

牢记使命　无私奉献

2016 年 11 月，经过学校和教育部的选拔以及中组部、团中央的考核，孙泽作为中组部、团中央第 17 批博士团的一员赴青海挂职锻炼。“组织信任我，那我就好好干！”孙泽诚恳地表示。

与大部分博士在海拔较低、经济发达、交通便利的西宁和海东地区挂职不同，孙泽的挂职所在地为格尔木市，地处偏远。离家 3 243 公里，再加上远离博士团团队，孤独与寂寞首先袭来。

然而，比孤独和寂寞更难熬的是当地恶劣的自然环境。格尔木不仅海拔高，并且严重干旱，一年降水量仅为 30 至 40 毫米。在那里，92 摄氏度水就开了，米饭一般都煮不熟。厌食头晕，嘴唇长期开裂，缺氧导致行动迟缓，夜晚难以入眠，睡眠轻浅凌晨就会醒来……长期在格尔木挂职，孙泽承受着持续的身体不适。

尽管这些给孙泽的日常生活和工作带来了巨大挑战，他仍谨记自己定下的挂职规矩：在青海高海拔多民族地区，一定要牢记习近平总书记的嘱托，围绕总书记提出的“四个扎扎实实”展开工作，要恪守博士服务团成员的精神本色，严守政治纪律和政治规矩，自觉加强政治理论及业务技能学习，增强政治意识、大局意识、核心意识、看齐意识，切实做到对党忠诚、为党分忧、为党担责、为党尽责。

顾不上高原反应带来的不适，孙泽很快就投入紧张的工作中。他严格要求自己，积极地在各个分公司进行调研，发现问题，解决问题。不仅如此，晚上、周末，他也常常在办公楼里工作至深夜。有时候，整栋办公楼里只剩下他一个人独自工作的身影。

扎根高原　科技报国

格尔木的自然资源充足，其境内的察尔汗盐湖是我国最大的钾镁盐矿床，潜在价值巨大，是我国实施西部大开发计划的战略要地，历来受到党和国家领导人的高度重视。

而孙泽学习和工作的国家盐湖资源综合利用工程技术研究中心早已和察尔汗盐湖建立了密不可分的关系。在这个盐湖团队，从学术带头人于建国教授到每一位教师，以及每一位博士生和硕士生，都有着为国家奉献自己、到祖国西部贡献力量的决心和意志。

“1998 年，于建国教授领衔的盐湖资源研究团队就已经开始在高原上的察尔汗盐湖开展研发工作了。我是从本科毕业课题开始加入的，我们一直在为盐湖开发而奋斗。”孙泽自豪地介绍。

从 1998 年开始，于建国、宋兴福以及整个盐湖团队在祖国的青藏高原已经奋斗了 20 余载。他们克服了高原缺氧、物资匮乏的困难，突破了百万吨钾肥高效结晶器的关键技术，为我国钾肥稳产增产提供了技术支持，为国家的粮食安全提供了保障。

由此，“盐湖钾镁资源高效与可持续开发利用关键技术”项目获国家科学技术进步二等奖，“西部盐湖钾镁资源高效利用关键工程技术与装备”项目获上海市科技进步一等奖，“工业氯化钾多相流分离新技术与装备研究”获上海市技术发明三等奖……到现在为止，整个盐湖团队已是硕果累累，但是他们依然在为

国家的粮食安全、新能源产业的发展而奔忙。

在于建国的带领下，盐湖团队的技术现在走出了国门：钾肥技术正在泰国落地开花，14 万吨/年氯化钾生产线已经整装待发，做最后试车准备；盐湖提锂技术也已经向南美辐射，开展了初步的工作。

孙泽为在这样一个有活力、有战斗力的团队里工作而感到自豪和骄傲。而经过在这样的团队里的熏陶，他在盐湖的挂职工作自然更驾轻就熟。

与此同时，此次深入持久地挂职青海，令孙泽又找到了新的研发方向与潜在的经济增长点。经过调研，孙泽发现，太阳能光热是近两年新兴的新能源利用方式，格尔木的太阳能资源十分丰富，而子公司硝酸盐业又是生产太阳能光热电站核心产品——储能熔盐的公司，这其中大有可为。问题的关键在于整个行业刚刚起步，熔盐在生产使用时没有统一的标准，关于熔盐中杂质对物性的影响，大家没有定量概念，导致了行业的无序竞争。针对这一问题，孙泽提炼并申报了国家自然科学基金面上项目“熔融态相变储能硝酸盐体系中杂质离子竞争结晶、迁移规律研究”，获得 60 万元的资助经费。

此外，针对青海太阳能光伏弃光现象严重（2016 年弃光的电能达 8.13 亿度）的问题，孙泽还与路贵民教授共同研讨，形成了光镁一体化的思路，即直接利用原来抛弃的光伏发电以省去电解镁工业中间的变电过程，这样一来，既可以用上清洁电能，又能节约能源、降低成本。针对光伏发电无法 24 小时连续供应的问题，他们又提出了用液态熔盐电池存储能量，调节峰谷，实现电能稳定、持续的供应。这样，完整的清洁能源应用产业链就形成了。

“把论文写在祖国大地上”，“把科技成果运用到实现现代化伟大工程中去”，习近平在全国科技创新大会上的号召，孙泽正用实际行动在加以贯彻。

内抓管理　外树品牌

科学管理不仅能帮助企业出效益，还能培养人才。挂职青海盐湖工业股份有限公司研发中心副主任的孙泽也发挥出了卓越的管理才能。

盐湖公司研发中心和技术部是两块牌子一套人马，所以研发中心也承担着科研项目的管理工作，包括项目申报、执行、验收等。初到公司，孙泽就和同事、技术人员充分沟通与讨论，共同拟定了“杂质离子竞争结晶对盐湖相变储能熔盐熔点精确控制影响研究”项目并成功获得立项。该项目是盐湖公司在 2017 年牵头立项的唯一一项省部级科研项目。更为重要的是，共同参与项目的 6 名研发人员与 1 名子公司技术人员在项目选题、申请书撰写、答辩等环节都得到了非常好的实战训练。此外，孙泽还组织研发中心验收了 11 项科研项目，组织科研项目申报培训 30 多人次。

孙泽发现，企业主要以组织生产为主，对于所做科研工作的提炼和撰写能力相应欠缺，其实公司已经有很多成果，但是却没有很好地提炼和申报奖励。于是，他积极带领同事进行创新点提炼、申报书撰写、答辩准备，最终提炼公司成果获得海西州二等奖、三等奖各一项。另一方面，他还积极带领大家进行博士后工作站、院士工作站申报材料的准备，从申报书撰写到附件支撑材料的整理，开展了细致的工作。他还着手建立了标准化的实验室，制定了标准化的实验室管理办法，为后续研究室的仪器设备管理提供了依据，同时还积极筹建相关的实验装置和设备，使实验室可以完全模拟钾肥生产工艺，为下一步深入

研发提供了有力保障。

孙泽认为，企业不仅要生产质量过硬的产品，也要积极推广优质产品，同时要把握产业发展的方向，以便于及时调整战略战术，赢得市场竞争。由此，他积极参加学术和产业会议，帮助公司推广产品，提高行业知名度，同时也积极地与相关专家探讨产业方向，凝练公司下一步的科研发展战略。通过对外交流，公司和产品的知名度在行业内得到了进一步提升，扩大了在国内国际的影响力。

“青海干部群众长期扎根艰苦地区，特别能吃苦，特别能奉献，为国家和地方发展做出了贡献，是我学习的好榜样。”孙泽表示，赴青海挂职使自己的能力得到了全面提高，精神得到了进一步锤炼。

挂职回校后的孙泽仍然心系青海盐湖，也时常往来于青海与上海两地，继续发挥所长，“智”惠盐湖开发，服务西部发展。

（本文原载于2018年7月3日华东理工大学新闻网）

【心语思】

大学以教育为本，教师以育人为任。在大学里当教师，就要以“四有教师”标准为指导，以本为本教育学生。在华东理工大学从读书到任教，我已经走过了近20年。20年来，我始终坚持盐湖资源综合利用方向，坚持在青藏高原兢兢业业工作，因为我始终明白，科技是大国的核心竞争力，唯有科技振兴，祖国才能真正强盛。作为科研人员，就要守得住寂寞，耐得住清贫，为国家急需的技术贡献自己的心智心力，尽管工作环境艰苦，工作地点偏远，依然要不改初心，勇往直前。

心向善　行无疆

——记“正能量发光体”、华东理工大学商学院黄庐进教授①

人物名片：黄庐进，华东理工大学商学院教授，曾任华东理工大学商学院副院长。在经济商务、工商管理以及商务英语等方面有30余年教学和科研经验，其“以案例讨论和与商务实践紧密结合”的授课风格别具一格，广受欢迎。作为热心的社会活动家，常年担任企业管理咨询师、海外客座教授、国际项目培训师等。曾多次荣获市级、校级奖励，如上海市“育才奖”、华理“最具人格魅力教师奖”。7年来，她坚持利用暑假时间赴云南支教，为留守儿童献爱心。其“自费支教关爱700余名留守儿童”荣获2017年上海市教卫工作党委系统十佳好人好事。

商学院教授黄庐进，说得一口纯正流利的英语，兼备英美文学、经济学、社会学专业文凭，从教30余年广受欢迎，积极投身对外交流，十分擅长国际商务谈判与跨文化商务沟通。

---

① 记者石翎采写。

犹如血液在身体里无时无刻默默涌动一般，热忱的善意常驻于黄老师的内心。她，善待身边人，希望每一个人都过得好。她，积极投身公益，连续七年自费支教，关爱在云南的农民工子弟和留守儿童。她，细细思虑助力华理 MBA 走向国际化，为打造世界性开放课堂贡献热力。

做触动灵魂的事业！

在黄庐进的人生字典里，教育是去唤醒学生的求知欲，追寻更好的自己。

“以前上课都不喜欢说话，但老师的课让我想主动提问。”“课题较好地结合实际，开拓思维，诱发思考。”“懂得了要透过现象看本质，从多个方面出发，用发展的眼光看问题。”……这是本科生对黄庐进所授的上海市全英文示范教学课程——国际经济合作的反馈。

对待教学，黄庐进十分投入。国际经济合作是一门针对大三学生的专业必修课，如何实现学生英语与专业能力的双重提升是个挑战。融入国际贸易、跨国公司与国际投资、跨国公司国际战略等理论知识以及多年来丰富的国际商务经验，黄庐进每年都会与时俱进地精心设计课题让学生组成小组进行探究。如在 2018 年执教的 2015 级国际经济与贸易专业课上，她共选了 11 个案例，以课题方式让学生自愿组队进行分析阐释。一个小众德国啤酒品牌（konig beer）如何利用跨境购的贸易方式进入中国市场？以特许经营为商业模式的小肥羊被百胜收购后为何又走了私有化之路？中国石油产业国际并购研究，海尔、华为的国际化战略分析，美国孟山都公司的国际化发展与 NGO 的关系等案例分析……这些鲜活实际的案例极大地调动了学生的求知欲和主动学习的积极性。

黄庐进十分重视学生综合素质的培养，她会在着装礼仪、谈吐举止的点拨中讲解有教养的职业经理人的气质所在，同时注重锻造学生以理服人、以礼让人的风度。

在厚厚的教学手记中，黄庐进详细地记录下了学生在课堂上汇报演讲的各方面表现，细致到着装、英语字词表达、知识点应用、PPT 制作要点，以及下一阶段研究时应关注的重点等。给研究生上专业英语课时，她专门设计了“如何传递消极信息（Negative Message）”的英语操练，要求学生拟一封给校长

或院长的英语投诉信，让他们切实去体会作为一个“下级”应如何向“上司”反映问题，讲述其不满及改进路径。她也从中了解了学生的诉求，向有关领导反映问题，及时加以改善。

“老师要发自内心地去喜欢这些孩子！”课堂外，黄庐进利用上课前一晚去奉贤校区住宿的机会，在教师公寓咖啡厅与学生进行学习交流与职业规划探讨。“多了解学生在想什么，想听什么，把这些与课堂内容融合在一起，真正让学生受益。”

“老师口语很棒，上课方式新颖，互动很多；老师知识面很广，讲课风趣，三言两语便能点破逻辑关系。”“真的很喜欢老师，这是我上得最认真的一门专业课！”这些都是学生发自内心的评价。

去帮助有需要的人！

有一次，一位教务老师遇到困难来敲院长办公室的门，院长恰好不在。当时担任学院副院长的黄庐进听到声音，便主动打开办公室的门关心询问，并在党政领导班子开会时把这位教师的情况作为特例提出。最终，这位普通教师的困扰得以圆满解决。有人悄悄问她："哎，你和那个老师什么关系啊？"黄老师说："啊？我和这个老师一年加一起也说不到 10 句话。"她只是觉得，"如何真心对待一名在学院默默无闻工作的普通教师"恰恰能印证商学院所倡导的生命共同体建设——"每一名员工都应该得到领导主动真切的关爱"。

"工作上、生活上，好的、不好的事儿都愿意在她那儿倒。"同事周琼说。黄庐进特别热心，对每一个人都很关心，愿意帮助每一个需要帮助的人，而且黄庐进的关心并非是泛泛的，她会根据每个人的具体情况关心到点上。"我很庆幸遇到了黄老师，她给了我很多的指引和帮助。"周琼介绍，负责学生国际交流工作时，常规的做法一般就是根据要求收发材料，但在黄庐进这里就不一样了，她会以身作则渗透下去，和每一个想出国的学生交流，了解他们为什么出国，思考怎样让学生受益最大化。

2012 年，一个曾在中国生活和工作过的美国朋友想在中国支教，但又限于

在中国的资源有限，困难重重。黄庐进得知后积极相助，不仅促成了“激发夏令营”的诞生，也成了该公益项目的中方协调人。从那年夏天开始，连续 7 个暑假，黄庐进都会和丈夫王晓光一起去云南自费支教。

谈到支教，黄庐进和她的爱人都非常低调。他们表示，这些都只是简单的小事，无须多谈。然而，他们的真诚付出深深感染和带动了许多教师、学生和校友，越来越多的人纷纷投身公益。今年夏天，黄庐进将支教的信息一发出，同事、校友以及一些本科生都积极响应，共同参与其中。

去世界舞台宣传中国!

怀抱把教育变成开放式的课堂这一愿景，黄庐进还将热力与能量投放到了更大的舞台。

2000 年，受奥克兰理工大学之邀，开设了为期一周的“入世对中国经济的影响”系列学术讲座；2007 年以来，每年应邀赴法国 ICN 商学院和 INSEEC 商学院，讲授国际商务谈判、中国商务环境课程；2008 年，应美国 Rollins 大学邀请，参加了全球领导力论坛；2009 年，受哈佛大学肯尼迪政府学院邀请，在“亚洲—中国走向世界”论坛上发表题为“中国高等教育国际化进程中的挑战”的演讲；从 2015 年起，受邀于国家商务部上海培训基地，为来自“一带一路”沿线国家的官员、非盟官员等解读中国改革开放的政策及中国“十二五”“十三五”规划与发展战略；每年为华理国际教育学院的游学短期班以及来商学院短期交流的留学生授课或作讲座。她流利的英语、对中国和世界热点问题的独到见解，以及客观生动的授课方式得到了海外学员的一致好评。

这些积极的对外交流背后，黄庐进不仅发出了充满正能量的中国声音，也在不断助力华理商学院的国际品牌传播。华理商学院自白手起家至今日发展壮大的历程，黄庐进一一亲历并相伴。任职 MBA 项目主任时，她探索实行英语小班分层教学法，改革了英文授课方式，积极鼓励商学院的英语教师转轨。今天，这些教师都可以用英语教授 1 到 2 门专业课，为华理 MBA 走向国际化奠定了基础。此后，她又引进“外智”，实现了 Global MBA at ECUST 的国际化办学理念，使得学生不出国门就能听到来自发达国家的教授和海外企业家授课。

在担任商学院副院长的十几年中，她协助数任院长啃下了好几块“硬骨头”，大大推动了华理MBA的国际化进程，其中就包括成为澳大利亚在华办学旗舰项目的中澳MBA项目、中法MBA双学位、全球7院校联盟的国际管理硕士（MIEX）项目、AMBA认证与再认证的顺利通过（最长期5年无条件通过）、AACSB认证第一阶段的顺利通过等。

在响应国家“一带一路”倡议，输出中国高等教育的进程中，黄庐进也贡献了自己的力量。在学校与商学院领导的支持下，为了对冲海外办学的成本与风险，她同时在东西线“出海”：东线与泰国清迈大学合作开展的“2+2”本科双学位项目（前两年在泰国，后两年在中国学习），一举改变了中国院校通常只能做前两年“预科”角色的局面；西线则与罗马尼亚锡比乌大学合作举办工商管理硕士双学位项目。

黄庐进主张，做事不仅要有计划性和执行力，更要有格局和前瞻性。2018年4月10日，华理与罗马尼亚锡比乌大学正式签约，合作共建“华东理工大学锡比乌中欧国际商学院”，华理的国际化迈出历史性的一步，国际化办学走向新的高度和广度。这其中离不开黄庐进的“穿针引线”和卓越的谈判能力。黄庐进介绍，此次合作意义非凡，罗马尼亚与乌克兰、匈牙利、塞尔维亚、保加利亚、摩尔多瓦等国家毗邻，许多的德国跨国公司建在罗马尼亚，同时，华为在罗马尼亚也有 3 000 多名员工。与锡比乌大学的合作实则搭起了华理与中东欧国家开展合作的桥梁。自此，华理的发展舞台会变得更大，不仅能在世界舞台上宣传中国，也能改善中国对外直接投资的商务环境，既能服务在国外的中国企业，也有益于促进外国学生对中国的了解，从而推动这些国家与中国的合作及双边贸易。

她，个子不高气场却很强大，谈吐间世事时势了然于胸，底气十足。她，初见让人望而生畏，深交则暖人心扉。她，胸襟广阔，心怀大志，又能缕析条分，落于实处。她，就是在工作与生活中不断散发热力与善意的黄庐进。

（本文原载于 2018 年 9 月 18 日华东理工大学新闻网）

【心语思】

言传身教，教学创新；

远见实干，国际视野；

公益同行，修身修心。

学习、交流、成长，让我们拥有独立面对世界的勇气，拥有与时俱进的能力！

为了破除朋友圈里“吃”的谣言，华理海归教授开起了食品安全科普公众号

——记华东理工大学生物工程学院刘少伟教授①

人物名片：刘少伟，华东理工大学食品科学与工程系教授、博士生导师，华东理工大学FDA研究中心副主任，美国宾夕法尼亚州立大学工学博士学位，美国堪萨斯州立大学博士后。上海市徐汇区政协委员、民革徐汇区委副主委、民革华东理工大学支部主委，上海徐汇区欧美同学会理事、上海市徐汇区海外联谊会理事、上海市徐汇区侨联常委，上海市浦江人才、上海市食品药品监督管理局特聘科普专家、上海市教委高校食品安全督察员、上海市食品安全研究会专家组成员。先后作为食品安全与营养特邀嘉宾参与中央电视台等多家电视台节目，经常接受新华社等媒体采访，担任上海电台多个频率多档节目的嘉宾。

回国10年来，华东理工大学海归教授刘少伟常在电视、电台节目上露脸，解答人们对于食品安全方面的疑惑，这对于象牙塔里的教授来说并不多见。最

① 《解放日报》记者裘雯涵采写。

近，这位坚持在食品安全、营养知识方面进行科普的教授还开起了公众号，严谨又“接地气”的文章收获了一大群粉丝。“只知道吃粗粮对身体好，却不知道吃错了会害了你?”“小龙虾的头到底能不能吃?”……看了刘少伟教授的文章，不少网友表示，与其轻信网上的谣言，不如让爸妈多看看权威专家的解读。

大学教授开起了食品科普公众号

翻看名为“刘少伟教授”的公众号后记者发现，文章中有趣的语言、新奇的切入点、年轻人爱看的表情包，都自带“新媒体”属性。不过，仔细看每篇文章的内容，就能发现和网络上的“爆款”不同，刘少伟教授公众号的文章内容并不是胡编乱造，而是通过数据的梳理、分析，再经过刘少伟把关后，才呈现出一篇篇简单易懂又靠谱的内容。

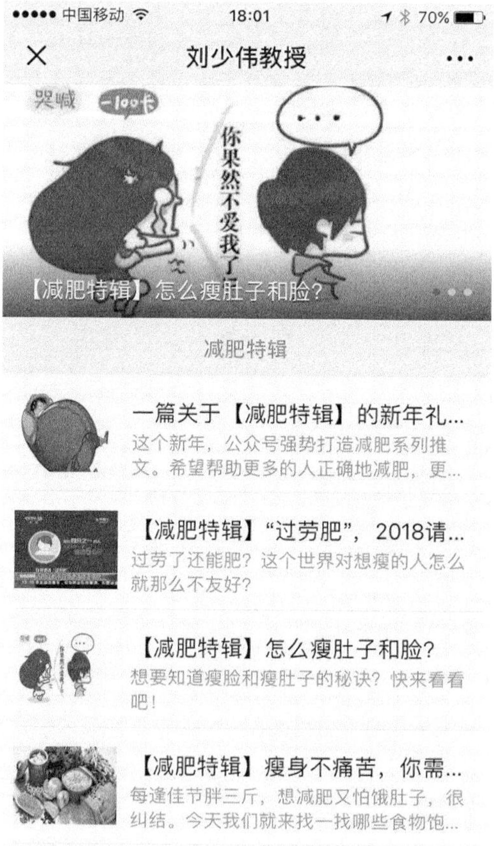

从 2017 年 6 月开始第一篇推送以来，公众号几乎每天都发布文章，内容从不重复，且都是原创稿件。公众号背后是否有专业团队运作？“其实参与的就是团队中的几名研究生。开公众号的目的是为了将正确的知识传播出去。”刘少伟告诉记者。

为了找到合适的选题，刘少伟和学生动足了脑筋。一开始，过于专业的术语却让不少读者直呼“看不懂”。怎么做出读者真正关心的内容？在刘少伟的鼓励下，团队开始有意识地根据时令、热点和身边同学的兴趣推出相关选题，果然得到了不少好评。“比如每逢春节胖三斤，春节过后我们就一起设计了减肥特辑。”研二学生蔡婉静告诉记者。吃减肥药靠谱吗？怎么瘦肚子和脸？过劳肥怎么办？这些针对不同人群的减肥“妙方”在春节后吸引了不少读者。“不光是读者，成了刘老师的研究生后，我们也了解到了不少饮食知识，都瘦了不少。”蔡婉静笑着说。

通过读者自发的转发，公众号在朋友圈获得了不少关注。今年，《人民日报》微信公众号和中国科学技术学会公众号“科普中国”都转发了刘少伟的文章，短短几天内阅读量就突破 10 万 + 。渐渐地，一批充分信任刘少伟的“老粉”一遇到问题，就会在后台提问，“这也说明我们真正获得了认可。”刘少伟说。

所学知识要服务于社会

说起当初为何选刘少伟作为导师，几位研究生都笑了：“刘老师是我们学校的明星老师，本科时大家都抢着选他的课。”不仅在学校小有名气，走在街上，刘少伟也常常被路人认出，他还有着一个忠实粉丝团。

原来，为了更好地向公众进行科普，刘少伟成了“×诊所”“我们退休了”等节目的特邀嘉宾，还在电台上解答听众的疑问。每当有食品安全方面的新闻热点，媒体头一个想到的也常常是这位华东理工大学的教授。为了和老百姓零距离互动，他还是各个街道的常客，给居民做科普讲座。

“在国内，研究食品科学的专家不少，但愿意做科普的一只手也数得过来。”刘少伟说。究其原因是科普的回报率太低，撰写科普类文章需要花费大量精力，但国内并没有与之对应的评价体系。另外，科普基本上都属于公益性质，长期科普，需要有兴趣才能坚持。

“很多人认为科普对专家来说很简单，其实不然。”专家并不意味着是领域内的“百科全书”，被问到跨领域知识时，刘少伟也要进行多方面的学习和考证。另外，要将专业的知识转换成普通人易懂的说法也不是一件容易事，这对专家的表达和沟通能力而言是很大的挑战。

说起当初为何走上这条艰难的科普道路，刘少伟表示和从小的家教分不开。他的父母都是教师，家里培养出了 3 个博士、1 个硕士。从小，父母就告诉刘

少伟，知识是要服务于社会的，要把所学的知识运用于大众。正因如此，2007年刚回国不久，一家电视台找刘少伟对食品安全问题进行解读时，他没有任何犹豫就答应了。2015年，华东理工大学设立“华笙奖”，鼓励校内专家学者结合社会热点，将科研成果进行对外宣传。奖项设立以来，刘少伟教授已经连续3年获奖。

另外，刘少伟也认为科普是科研的有效补充，“通过与公众的交流，我发现了不少研究的新方向，也能够根据人们真正的诉求，进行产品的研究开发”。最近，刘少伟正和团队开发一款海藻功能性食品。现在市面上的海藻食品都只简单地经过晒干等初级加工，并没有让海藻中的营养物质充分发挥作用。在和读者互动时，他们的一番话给了刘少伟启发，为什么不做一款海藻功能性饮料呢？这不仅能解决营养流失的问题，还能让产品真正受到人们喜爱。

国内更需食品安全科普

从国内的本科一路读到美国博士后，刘少伟一直在和食品科学与工程专业打交道。“其实食品科学并不是我的第一志愿。”刘少伟笑着说。他真正喜欢上这个专业，是在本科毕业后在食品公司研发部工作的时候。看着自己的研发产品真正投入生产，刘少伟第一次感到了专业带来的成就感。为了提升自己的专业知识水平，他再一次踏上了求学之路。

在美国堪萨斯州立大学读完博士后，刘少伟还在布拉斯加大学食品研究中心担任总工程师。2008 年，他给国外的生活按下了暂停键，回到国内在华东理工大学食品科学与工程系担任教授。甫一回国，他就发现国内的食品科学研究和美国不在一个频道上。在食品安全研究方面，国内面临的问题主要是化学品危害，主要是一些企业或个人因超范围、超量违规使用食品添加剂而造成的食品安全问题。“比如前几年备受关注的‘染色馒头’案，就是销售商违规加入染色剂柠檬黄，冒充玉米馒头来卖，其根本是企业的违法问题。”

而在国外，科研人员对食品安全关注的重点则是微生物危害，企业违规违法操作的情况较少。比如奶制品容易成为李斯特菌的感染源，人类感染这种细菌致死率很高。刘少伟读博时期的研究重点，就是如何从源头上抑制李斯特菌的生长。“不仅是源头，从农场到餐桌，每一步都需要食品安全的管理。”刘少伟说。

了解到国内对食品科学研究的现状后，刘少伟更加意识到了科普的重要性。好在回国十年以来，在专家科普和政府监管下，刘少伟明显感到了老百姓科学素养的提高。“大家现在对食品安全方面更加理性了，也更懂得自己去寻找权威可靠的信息。”刘少伟说。有时候，公众号后台收到的评论和提问非常专业，这让刘少伟非常惊讶。他认为这也反映出了人们生活水平的不断提高。不过，新的时代背景也正衍生出新的问题，刘少伟告诉记者，天气转热，人们越来越依赖的外卖食品也更容易出现安全问题，“接下来我打算让学生做这方面的选题，让大家少叫外卖”。

（本文原载于 2018 年 6 月 15 日《解放日报·上观新闻》）

【心语思】

保障食品安全是一项长期艰巨的系统工程，需要政府、市场、社会等多元主体共同参与，最大限度地激发和释放全社会参与食品安全治理的潜能与活力。近几年我从事的食品安全科普工作使我有几点体会：首先，食品安全的科普在现在这个以视觉感知为主导的传播时代，相对于声音和文字，受众对图片、视频等可视化信息更感兴趣，也更容易理解并留下深刻印象；其次，食品安全科普宣传是释放食品安全“正能量”的主要途径之一，食品安全科普教育对服务社会、服务消费者具有推动、带动作用；另外，食品安全科普知识是一缕清风，能够荡涤蒙昧，能够启迪民智。食品安全科普是学习食品安全知识最直接的一种方式，也是科学传播最重要的途径。

不忘初心，画好最大同心圆

——记华东理工大学2016—2018学年“优秀党务工作者”、党委统战部宋晓涛老师①

人物名片：宋晓涛，华东理工大学党委统战部副部长，曾获上海市“统战工作先进个人”“侨务工作先进个人”，校“优秀党务工作者”“先进工作者”“新闻宣传工作先进个人”“信息工作先进个人”“优秀档案员”等荣誉称号；被上海市委统战部聘为“上海统一战线特约网评员”；撰写的调研成果获市委统战部“统战工作实践创新特色奖”、教卫工作党委系统“统战调研优秀成果”一等奖、华东地区高校统战工作研讨会优秀论文二等奖、市政府侨办“侨务调研优秀成果”三等奖等13次市级奖励。

外对28条线，内对11个民主党派和统战团体，27年党龄的宋晓涛老师，用16年的时间，凭着执着奉献、真诚服务、勇于创新的精神，默默坚守在统战工作的第一线。今年，她被校党委评为2016—2018学年优秀党务工作者。

---

① 记者卞慧采写。

执着奉献勤履职

统战部的服务对象人数多，工作范围广，包括民主党派、民族宗教、党外知识分子、港澳台海外工作等。我校各民主党派、统战团体的基层组织从 2002 年的 6 个增至现在的 11 个，其人数也从 700 余人增至 1 500 人。此外，还有 1 400 余名少数民族学生和 700 余名留学归国人员。统战部要做好党的各项政策方针的宣传，支持统战成员围绕中心工作建言献策、参政议政，引导他们发挥优势、服务改革发展大局，还要做好党外代表人士队伍建设等工作。

工作这么多，统战部的工作人员却很少。人最少的时候，统战部只有宋晓涛 1 个专职人员，除了业务工作，她还承担了宣传、信息、安全、财务、档案、材料撰写等所有事务性工作。例如，2015 年至 2017 年间，她就撰写报送了 240 余份各类材料。

面对繁杂的工作和经常性的加班加点，宋晓涛勤勤恳恳，没有一句怨言。

她常说："学知不足，业精于勤。"她同时坦言，工作多并不可怕，刚刚进入统战部时，最需要适应的是迅速"切换频道"——常常是刚在电脑上发送了民主党派相关事务的邮件，统战团体那边又打来了电话，她就迅速转换思维频道投入新的任务中。16 年来，她就是在这种快速切换中兢兢业业地履行着自己的职责。

真诚服务暖人心

"统一战线的本质是大团结、大联合，根本任务是争取人心、凝聚力量。"宋晓涛说，"为了最大限度地画好同心圆，一定要把服务融入解决实际问题之中，用心做事，用情感人。"

2007 年至今，学校的统战工作为 130 余名教师申请资助近 12 万元，为家庭经济困难的少数民族学生申请助学金近 77 万元，资助民族学生 400 多人次，为 30 名留学归国人员办理了归侨身份，帮助他们办理申请提高个税起征点。

走访慰问和帮困也是统战工作的一部分。多年来，宋晓涛坚持做好这份工作。只要得知谁的家里有困难、面临什么问题，她便会及时出现，帮助协调处理。有些年迈的归侨子女远在国外，一旦生病，子女往往鞭长莫及。她得知消息后总是第一时间赶到老人家里，送他们去医院，并主动关心、定期探望。老归侨刘天凤老师听说宋晓涛他们要来家里，会早早地在门口迎候。哪怕天气寒冷，他也站在外面一直等，跟等候亲人一样。这让宋晓涛十分感动。像这样如同老朋友一般与服务对象互动，已经是她生活的一部分。

勇于创新有佳绩

"党外代表人士都是政治上有地位、社会上有影响、学术上有造诣的精英之士，我们是代表党去做团结、联系和引领工作，更需要自身过硬。"宋晓涛表示，为了能跟上时代发展的步伐，做到因事而化，因时而进，工作中要不断加强理论学习和实践调研。她的调研成果 12 次获得市级奖项，包括市委统战部"统战工作实践创新特色奖"、教卫工作党委系统"统战调研优秀成果"一等奖、华东地区高校统战工作研讨会优秀论文二等奖等。

学校的统战工作有勇于创新的传统——2002年创办统战简报，2005年创办统战网页，都走在上海市高校统战部门的前列；优化议案提案调研机制、少数民族教师与民族学生“一对一”结对子这两件事已经做成了华理的品牌，在上海市高校中起到了引领示范的作用。2002年至今，华理统战简报已经出了88期。2007年至今，统战部的网页上已刊登新闻报道900余篇。宋晓涛本人也被评为上海市统战工作先进个人、上海市侨务工作先进个人。

2009年，为纪念中华人民共和国成立60周年、中国人民政治协商会议成立60周年，统战部组织了“风雨同舟、共创和谐”大型文艺演出，统战成员用歌声、舞蹈来表达与中国共产党“肝胆相照、荣辱与共”的心声。2018年，为纪念中共中央发布“五一口号”70周年，统战部组织了“不忘合作初心，继续携手前进”龙舟赛，将凝聚统战成员与发扬传统文化、纪念伟大时刻和与党同心同德的共识结合起来。“勠力同心，不忘初心，使命必达。”参赛队员说，“‘同舟共济’龙舟赛意义好！形式新！”各参赛高校纷纷为华理点赞。

"统战工作者不忘初心、牢记使命，就要高举爱国主义、社会主义旗帜，牢牢把握大团结、大联合的主题，坚持一致性和多样性统一，找到最大公约数，画出最大同心圆。"宋晓涛老师说，她会在统战工作中继续坚定初心、砥砺前行。

（本文原载于 2018 年 7 月 6 日华东理工大学新闻网）

【心语思】

多年来，从历任统战部部长身上，我学到了做好统战工作的思维方式和工作方法；在与党外人士的交往中，感受到他们与中国共产党荣辱与共的情怀。我为自己所从事的工作感到自豪，也深深体会到，作为一名统战工作者，只有真正把心思放在事业上，把精力投到工作中，脚踏实地，真干实为，才能担负起党的重托。

不忘初心，方得始终。作为一名统战工作者，我会继续高举爱国主义、社会主义旗帜，牢牢把握大团结大联合的主题，坚持一致性和多样性统一，找到最大公约数，画出最大同心圆。

勇做新潮技术的尝鲜者

——记华东理工大学图书馆系统与技术部主任李雪岩老师①

人物名片：李雪岩，华东理工大学图书馆系统技术部主任，承担学校两个校区的图书馆信息系统设计、建设与运维工作；曾获“第六届图书馆管理与服务创新论坛”优秀论文奖，华东理工大学先进工作者、优秀教育工作者、信息化建设标兵三等奖、教育教学成果奖等荣誉。

上海高校首家 UHF－RFID 技术实践者、微信校园卡全国年度“数字化明星”、上海高校首家微信校园卡选座应用者、国内为数不多的使用人脸识别技术的高校图书馆之一……素来有华理奉贤校区“颜值担当”之称的图书馆，在“智慧担当”上也丝毫不逊色。

智慧图书馆的建设必然需要有智慧技术、智慧平台、智慧服务。这就离不开图书馆系统与技术部的技术支撑和保障。作为部门负责人的李雪岩是一个玩转高科技、追求完美的技术大咖，勇做新技术发展的追踪者和新技术应用的领航者。

① 记者李强采写。

科技网红背后的技术担当

作为前沿技术应用的尝鲜者，华理图书馆近来成为全国诸多高校参观取经的地方。据李雪岩估计，就超高频（UHF）RFID 技术的应用来交流的高校就有百余所之多。近期推出的人脸识别闸机应用更让很多高校闻讯而来。“物联网、移动互联网、AI 人工智能三大领域的前沿技术在图书馆的应用，我们学校图书馆都是走在上海甚至全国高校的前列。”

科技网红的背后离不开李雪岩对前沿技术灵敏的嗅觉力。“这得益于图书馆历任和现任领导对创新的高度重视，以及图书馆上下对新技术的大胆尝试和宽容态度。”李雪岩称自己更多的是一个“执行者”。作为部门负责人，他带领部门同事不断探索寻找技术与服务结合的突破口，思考着如何把引入开发的技术与学校的特殊馆情、个性需求结合。关注技术前沿，评估技术引进的可行性，做好技术开发与需求的对接，自行开发满足读者个性需求的系统应用，“70 后”的他对“时髦”技术的热衷不输于“00 后”。

在传统的工作模式下，图书馆工作人员每天必须把大量的时间和精力用于

分类、整理、上下架和搬运等工作，并且需要逐本逐本地把图书录入图书管理系统内，工作重复性高且烦琐。有没有一项技术可以用机器代替人工呢？当时已有部分高校图书馆小范围使用物联网领域的超高频（UHF）RFID 技术，但该技术能否做到应用到整个奉贤校区新馆图书呢？李雪岩一手负责了该技术在新馆的应用开发。

“当时，要为奉贤校区新馆的 13 600 多层书架的 40 万册图书安装独一无二的电子‘身份证’——载有数字信息的电子标签，工作量和成本都是巨大的。”如果失败不仅建设经费打水漂，而且还影响到图书馆最基本的借还书服务，影响面无疑甚广，以致新馆开馆时所有人都“提心吊胆”。李雪岩却向图书馆领导拍着胸脯回答：“没问题。”这背后是他和同事无数次与技术研发公司的沟通，甚至大热天在机房里加班加点调试机器的辛勤付出。这才使读者只需将图书在 RFID 设备上轻松一放，就可以实现图书的自动借阅。

“新馆建设要颠覆传统，只负责借还书的机械性劳动意义不大，我们要打造智能图书馆，让图书馆‘活’起来，不仅为每一本书赋予生命，甚至每一个书架、每一张阅览桌。”李雪岩说。

2017 年，系统与技术部引入微信校园卡，搭建图书馆移动端服务平台。2018 年 3 月，人脸识别技术被引入，开启刷脸进馆时代，注册连带进门短短几秒就能统统搞定。

从基于物联网的 RFID 自助借还，到基于微信云平台的智能移动互联，再到基于大数据和人工智能的人脸识别系统，李雪岩一直致力于利用前沿技术不断刷新读者的体验。

贴心技术背后的小心思

作为技术理工男，李雪岩低调而纯粹，有一种技术完美主义情结，“能用技术替代人工的尽力引进开发技术”，不断完善各项技术的应用，让读者和馆员好用、爱用技术。

在工作中，他发现图书馆里有很多“大屏”，如移动电视、电脑、读报机等大屏幕机器，读者使用率低，造成部门检修工作量大，可不可以将大屏换作小屏？把平台做到手机等移动设备上？开发 APP、H5，经营微信公众号，他和同事都开发试用过，但成本高、载体效率差、受众量小。经多方联系、考察，入口简单、受众面广的微信校园卡平台被引入采用。大屏换小屏了还是有些不便，能不能把所有学生会用到的功能集成在微信校园卡平台呢？这样可以免去学生需要频繁进出各种系统的烦扰。他们充分利用微信平台搭建图书馆移动服务平台，拓展平台功能，将图书馆各项服务集成于微信校园卡中，使读者可以实现“一机在手，图书馆畅游”。近期，读者还有望在微信校园卡平台上查课表和成绩。

拿到索书号后却找不到书？书库 3D 导航系统可以精确地告诉读者图书在几楼、几架、几层。到了图书馆却才发现没有座位？座位信息实时发布系统让读者无论在哪里都能对图书馆座位的使用情况了如指掌。找座位碰到“人去书在”的“霸座”？座位管理系统让读者进门就选取座位，“每人一座，对号入座”。高峰时期选座排长队？依托微信校园卡的新版选座系统，让读者手机端上就能完成座位管理功能，还可一键选取心仪座位。

除此之外，李雪岩还带领同事一起开发了研讨室预约系统、图书馆展览预约平台、教参系统、书目导读系统等十余个应用系统，主动为全校师生读者提供多样化的个性服务，让读者真正享受互联网“零距离、趋透明、慧分享、便操作、惠众生”所带来的高效便利。“一切以读者为中心。”他一直希望用技术不断优化读者的体验，让读者用得贴心、顺心。

“每项技术的应用，从方案的制作、调研、系统开发，到后期维护更新，他都精细把握每个环节，希望把能想到的问题都提前解决。这就是追求完美的李雪岩老师。”图书馆副馆长武亚珍称赞说。

智慧服务育人无声

通过手机微信校园卡进入图书馆选座系统，学生会发现系统界面和栏目的设置像一个信用卡 APP。做任务可以得积分，主动退座有机会得到小礼包，积分可以到商城中换取各种小道具。“学习 1 小时可获 5 积分，鼓励学生努力学习来换取积分。15 天内 3 次违规会进入黑名单，被禁用系统 7 天。”李雪岩介绍，

“希望以任务游戏的方式培养学生良好的阅读习惯，促进学生自主学习。”

学生从一开始的不理解到逐渐接受，再到现在都养成了刷卡选座的习惯。“选座系统开始运行时，几乎没有同学会去刷卡选座，离开时更是如此。”经常去图书馆的学生表示，“现在大家无论进出，还是暂时离开，都会刷卡。”良好的阅读习惯就这样慢慢养成了。

他想师生所想，急师生所急，对于师生提出的问题，从来都是笑脸相迎，热情服务。每每有项新鲜技术上线，他就成了推广员，向前来体验的师生介绍技术的优势、如何使用等，师生满意称赞的表情是对他工作的最好认可。线下时间有限，线上 24 小时不断线。在系统后台，他时不时会收到学生抛来的各种问题，有称赞，有吐槽，有咨询，有建议，对此他都一一耐心解释、回复。

系统与技术部负责着图书馆各项业务系统和数据的运维与管理，以及图书馆门户网站、各应用系统、微信公众号等的开发与维护，承担着全馆信息化的设计、建设与管理。李雪岩和同事经常轮流值班，凌晨一两点钟还在监控着系统，只为了能保障各系统的平稳运行和图书馆各项服务的正常使用。“金杯银杯不如读者的口碑”，为读者提供体验感强的一流服务是他和同事一直秉持的理念。

智慧图书馆突破了传统图书馆藏书、借阅的服务职能，在环境、服务、技术、资源等方面提出了新的要求。“也许将来我们的图书馆可以是完全开放式的，读者进到图书馆，挑选好喜欢的书拿着就走，其间不需要读者做任何事情。”如何用技术为读者提供全方位、个性化、人性化智慧服务，李雪岩正在不断探索和思考。

（本文原载于2018年5月3日华东理工大学新闻网）

【心语思】

时光飞逝，我来到华理图书馆工作已有20余年。这20余年也正是图书馆信息化、数字化的转型时期。从纸质书到电子书，从本地集藏到开放互联，从数字化、智能化再到未来的智慧化，图书馆在不断地顺应时代的发展，以更丰富的馆藏、更便捷的技术、更优美的空间、更贴心的服务，为学校的教学、科研提供动力。

最让我深感自豪的是我校图书馆的信息化工作一直走在其他高校的前列。从光盘塔、光盘库到RFID自助借还，从3D图书导航到基于微信校园卡的借书、选座，以及人脸识别的各种应用等，我们都是先行先试，凝结了历代图书馆人的不懈奋斗。新技术的尝试必然伴随着艰辛和付出，但每每看到新技术的采用提升了馆员效率，改进了读者体验的时候，我的内心还是有小小的幸福感和成就感。

桃李不言，下自成蹊。最让我开心的是能得到广大师生读者的认可。图书馆在发展，我也会继续发扬图书馆人坚定执着的精神，继续默默坚守着这方文化育人的天地，把握机遇，发挥专业所长，与时代一同进步。

和淤泥“为伍”十九载　他被称为下水管网“活地图”

——记华东理工大学后勤下水道疏通工人朱小清[①]

人物名片：朱小清，华东理工大学后勤保障处下水道疏挖工人，自1999年入校工作至今，一直在后勤从事下水道疏挖工作，这一干就是20年，被师生誉为下水管网“活地图”和“疏通能手”；曾获得代表学校参加的上海市教工龙舟协会第一届龙舟赛亚军、2017年度华东理工大学后勤“十佳”员工、2016—2018年度后勤优秀员工等荣誉。

朱小清是我校动力与修缮工程中心的一名下水道疏通工人，由于他深谙学校下水管道的布置、接口和走向，能够在第一时间疏通管道，因此被大家称为下水管网“活地图”和“疏通能手”。工作19年来，他勤勤恳恳、兢兢业业，以高度的责任感和强烈的事业心，一心扑在华理各下水道、窨井的疏通清淤工作中，他双手托起的不只是沉甸甸的淤泥，更是对华理师生的责任和担当。

---

① 通讯员范辰辉采写。

踏实苦干，练就一身本领

1999 年，年轻的朱小清来华理后勤从事下水道疏挖工作。说起下水道疏挖工，很多人会嗤之以鼻。的确，挖窨井、疏通下水道是最苦最脏的活儿。打开窨井盖后，下水道的恶臭味就会迎面扑来，井里那黑乎乎、油腻腻的“稀泥巴”更是令人恶心。然而，朱小清却在这个工作岗位上一干就是 19 年。他每天拖着一把锹，推着淤泥清运车，将淤泥一锹一锹地挖上来，再一车一车地清运走。

近年来，随着学校的发展建设，下水道疏通工作难度也在增加，尤其是在台风季，工作难度更大。“一个人可以没有文凭，但不能不熟悉自己的工作内容。”这是朱小清的工作信念，为了尽可能减少因管道堵塞给师生工作、生活造成的影响。他一方面刻苦钻研，认真研究学校管道布局结构，一方面反复钻研疏挖技术，努力提高工作效率，总结疏通经验，告诉大家如何防止堵塞。在 19 年的点滴积累中，朱小清对学校的下水管道走向、窨井的具体位置都了如指掌，对雨季清淤防涝样样精通。从最初的“按着地图找”“一条一条背马路”，到如今，朱小清练就了一身硬功夫，只要听听师生描述、看看管网走向、堵塞地段，就大致知道问题出在什么地方，就能够在第一时间及时处理。

干一行，钻一行。如今，凭着自己的这股钻劲，朱小清不仅收获了同事们的认可，更是成了管道疏通能手。

时时刻刻心系师生

"电话响、到现场，定方案、马上干"，这段顺口溜正是朱小清辛勤工作的缩影。"地下管道不通，污水就会横流。我的工作就是不让污水流到马路上，不因井盖没了伤到人。"朱小清无时无刻不感到肩上的责任重大。学校哪个下水管道堵塞了，哪个区域污水外溢了，都离不开朱小清及其同事们。不管时间早晚，不管天气如何恶劣，朱小清总是毫无怨言，随叫随到，满腔热情地投入工作中。

2017 年夏天，狂风暴雨肆虐导致友谊餐厅及四食堂门口下水道堵塞严重，雨水流不下去，食堂污水不停地往外冒，很快路面上污水四溢，整条路弥漫着酸腐味，来往就餐的师生苦不堪言。接到报修电话后，已经下班的朱小清迅速从家赶往现场处理。由于当时天黑雨急，视线受阻，疏通工具无法派上用场，只能人工疏挖。于是，他冒着暴雨，逐个排查下水口，用手一点点地掏出淤泥，直至晚上 10 点多钟，掏出了满满一车的杂物垃圾，才疏通了管道。管道疏通时，他身上已经变得刺鼻，熏得人抬不起头，但是他没有任何抱怨，只是开心地笑了，因为大家终于不用蹚水就餐了。

发生在朱小清身上的都是很小很小的事，小到不会被大家注意到，但这样的事却很多很多，多到随随便便都能列举出说不完的话题。还记得动修中心经常接到同学打来的电话——"师傅，我手机掉下水道了""师傅，我钥匙掉马桶里面了"……为此，朱师傅还专门设计了一个可以在下水管道和马桶等地方打捞东西的工具。但是有的时候工具无法操作，怎么办？只能靠师傅的双手去捞……虽然每天要与污泥打交道，但只要能够为师生排忧解难，朱小清就觉得自己的付出得到了回报。

在后勤这个大家庭中，有人选择台前，承担着发展的重任；有人选择幕后，默默奉献。这些默默奉献的人虽没有豪言壮语，没有丰功伟绩，但他们用行动告诉了我们什么是主人翁精神，用表率闪耀着作为一颗平凡螺丝钉的光辉。而朱小清就是这样一个默默地无私奉献的人，用自己的实际行动践行着后勤服务育人的价值理念。

（本文原载于 2018 年 9 月 13 日华东理工大学新闻网）

【心语思】

学校的供水系统好比吸收系统，下水道好比排泄系统，如果下水道发生堵塞，必将给师生的生活、学习造成不便。所以，虽然我干的是最脏最累最臭的“下水道疏挖工作”，需要天天与垃圾、臭味打交道，但是我“宁可一人脏，换得大家清”。

近 20 年来，每一天，我都会推着淤泥清运车，拖着一把锹，穿梭于校园的各个角落，将淤泥一锹一锹地挖上来，再一车一车地清运走。近 20 年的点滴积累，在我的脑海中，早已形成了一幅清晰的华理下水管道分布图，哪条道路上有多少下水道，下水道是怎样的走向，我都了如指掌。“电话响、到现场，定方案、马上干”，每次接到师生报修电话后，我都会第一时间赶到现场，确认问题所在，及时处理。只要是师生反映的问题，我都会认真对待，想方设法解决。

不能让污水流到马路上，不能因井盖没了伤到人，这不仅是我的工作理念，更体现了我的人生价值。

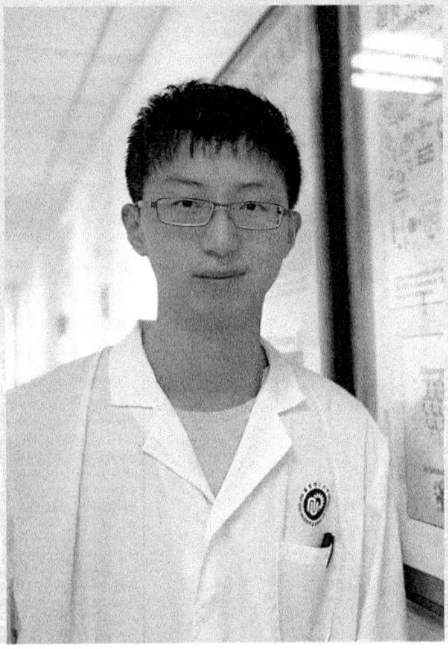

将实验中的每一个问号都“拉直”

——记华东理工大学化学与分子工程学院博士生张琦①

人物名片：张琦，男，汉族，1993 年出生，华东理工大学化学与分子工程学院 2015 级博士研究生，导师为田禾院士和曲大辉教授，目前在费林加诺贝尔奖科学家联合研究中心进行人工分子机器以及超分子化学方面的研究。以第一作者在 *Science* 子刊等国际著名学术期刊上发表文章 9 篇。连续三年获得博士生国家奖学金，2018 年被美国化学会评为“未来领袖者”，该奖项在全球范围内仅有 30 名入选者。荣获第十四届中国大学生年度人物、2019 年“全国向上向善好青年”、2018 年度上海市青年五四奖章标兵。

从大二基于大学生创新实验项目（USRP）成果发表第一篇学术论文，到以第一作者身份与诺贝尔化学奖得主伯纳德·费林加共同发表论文于 *Science* 子刊 *Science Advances* 上，华东理工大学博士生张琦至今已在国际 SCI 期刊上发表了 24 篇论文，其中第一作者 9 篇，论文被引 300 余次，单篇最高被引 50 次，

① 记者房树芬、张婷，学生记者顾晓彤采写。

解决了多项国际前沿科学难题，国内外知名学术期刊和媒体多次报道其成果。

自攻读博士学位以来，张琦连续三年获得博士生国家奖学金，并在 2018 年被美国化学会评为“未来领袖者”，该奖项在全球范围内仅有 30 名入选者。

已是博士四年级的张琦，目前正师从田禾院士和曲大辉教授，在费林加诺贝尔奖科学家联合研究中心（简称“联合研究中心”）进行人工分子机器和超分子化学方面的研究。

面对丰富奇妙的化学世界，张琦说：“我渴望将实验中的每一个问号都‘拉直’，希望早日创造出属于自己的明星分子，助力中国在这个领域的飞跃。”

只管攀登莫问高

大二时担任 USRP 项目负责人是张琦从事科研的起点。“我第一次感受到了什么是化学研究，什么是真正的实验室。”从此，一株科研幼苗在张琦心底萌生。

基于USRP项目发表了第一篇学术论文，张琦的科研热情被大大激发。趁着这股热劲，他在化学学院刘金库老师的指导下，申请了国家级大学生创新创业训练计划项目（简称“大创”项目），并取得了“优秀”的结题成绩。那时候，他一周两到三天在相距40多公里的奉贤、徐汇两校区间奔波，每天阅读外文文献，寒暑假一有空就到徐汇校区“加班”，一加就是一个月。回想起当时的那股“洪荒之力”，张琦眼里流露出满满的自豪。

功夫不负有心人，经过20多次的修改后，张琦的第一篇SCI论文终于在化学工程顶级期刊 *Ind. Eng. Chem. Res.* 发表，还收获了2个专利。“除了发表文章，这次挑战带给我更多的是，如何带领团队攻克课题难点，如何在实验中‘化腐朽为神奇’。”

由于“大创”项目研究出色，张琦被保送进入了田禾院士、曲大辉教授的课题组直博，开始接触超分子领域。与别人不同的是，他喜欢多领域阅读并善于横向比较，一有灵感就记录下来，和导师就课题可行性和科学性进行深入讨论，一旦产生共鸣，就立马着手去做。

在做本科毕业设计的时候，张琦大胆假设，将两篇20世纪80年代“尘封多年”早已失去关注度的“古老”文献有机结合，让“老树开了新花”，重新设计并成功开发出了新一代光响应智能纳米材料。这也使得他在博士一年级的时候，就以第一作者身份在国际顶级化学期刊 *Angew. Chem. Int. Ed.* 上发表了论文，读博刚起跑阶段就进入了极佳状态。

“我坚信没有比脚更长的路，没有比人更高的山。”张琦说，做科研只管攀登莫问高。

品读自然寻灵感

张琦的科研灵感不仅来源于文献，更来自奇妙的自然。

他热衷于在大自然创造的生命体中找寻化学创造的可能性。当他了解到细胞中具有刺激响应行为的酶催化剂后，立即产生了一个大胆的设想：是否能在实验室中，利用化学合成的手段创造一种催化材料，来模拟酶催化剂的可开关式的独特功能？

经历了多次失败和总结，张琦成功地合成出一种智能催化剂——能够像酶一样催化活性可开关。该成果让他以第一作者身份在国际顶级材料期刊 *Advanced Materials* 上发表了研究论文。这个独特概念的提出，也吸引了多位国际同行科学家的关注。在一次国际学术会议上，有人问他是怎么想出把催化剂“变活”的，张琦开玩笑地回答：“我细胞里的酶告诉我的。”

面对更加复杂的超分子领域，张琦的科研热情有增无减。“大自然是最好的设计师，看到承担机械运动的肌肉组织可以巧妙地将化学能量转换为机械能，我就时常思考，能否创造一个具有类似功能的生物机器，推动人类社会的进步。”

大胆假设，精心设计，30 个月的执着，20 多步的有机合成，数千次的采集数据之后，张琦团队终于成功地在实验室中人工合成出分子机器——只有头发丝直径万分之一大小的人造分子肌肉，并以第一作者身份在 *Cell* 姐妹刊 *Chem* 上发表了研究论文。这也是我国科学家在人工分子机器这一诺奖领域里取得的又一个重大突破。

峰回路转求创新

每一次突破都非坦途。“苦”与“乐”的风景总是交错呈现，但是张琦善于钻研发现，善于改变思维的特点，使他在“苦景”中也能探索出新发现。

在一次合成实验之中，张琦苦恼地发现，有类化合物总是倾向于自发变成不利于实验结果的凝胶，而一旦这个“破坏因子”出现，就意味着实验失败。

“塞翁失马，焉知非福，不妨换一种思维方式，看看这个反复出现的凝胶到底是什么来头？既然这类化合物这么容易变成聚合物，能不能把它作为一种全新的聚合物材料使用呢?”

经过上百次提取、冷凝，数千次的反复试错，张琦意外地发现了一类原始创新的超分子聚合物，它可以将自修复聚合物材料的断裂伸长率这个指标提升到国际领先的 150 倍。这就是张琦以第一作者身份与费林加教授共同在 *Science Advances* 上发表的成果。

成果发表后，引起了学术界和工业界的争相报道和评述，美国 *C & EN* 杂志对其进行亮点报道，称它将会推动粘附剂、自修复材料、可穿戴设备等多个重要领域的发展。

张琦基于此专利保护的知识产权，又进一步开发形成新材料产品，获得 2018 年首届“万华杯”青年新材料创新创业大赛成果转化组一等奖，得到了国内企业界的高度赞赏和肯定。

“这真是一次美丽的意外，多思考，不要轻视每次失败!”张琦感叹道。

科研报国梦可期

科研之路要想走得更远，国际视野必不可少。所幸的是，华理给张琦提供了这样的土壤和平台；而张琦，也打算在学有所成后回报祖国和母校。

2017 年 10 月揭牌成立的费林加诺贝尔奖科学家联合研究中心是国家引智育人的重点项目，也是将上海建设成为有全球影响力的科技创新中心的重要支

撑，更是华理助力国家创新驱动发展战略的重大举措。作为联合研究中心的一员，张琦感觉自己很幸运，能和团队并肩战斗，尤其是有机会在国际顶尖学术大师的指导下开展科学研究。

回忆起费林加教授第一次来华理交流的情景，张琦说：“当时，我问教授是否有兴趣去上海周边逛逛，他说自己的兴趣在于工作，化学就是他的生活。”费林加教授的言传身教，潜移默化地影响着包括张琦在内的每一位团队成员。

除了“科研大神”“诺奖成员”这样的称号外，张琦还有一个国际范儿的“未来领袖者”称号——2018 年 5 月 15 日，美国化学会旗下分支机构美国化学文摘社（CAS）公布了 2018 年 CAS SciFinder 未来领袖项目名单，中国大陆仅有 2 名博士生入选，其中一位就是张琦。

敏锐的科研直觉、深刻的洞察力、善于改变思维是张琦科研成功的原料，而求索与执着则是催化剂。对张琦来说，化学世界丰富多彩、奇妙莫测，自己仅仅窥视到了一角。

如今，张琦准备在博士毕业后前往费林加教授课题组进行博士后深造，继续进行人工分子机器的研究。他将个人的理想抱负和国家的科技梦联系在一起，立志学成后归母校任教，进一步助力联合研究中心的发展和壮大，为国家的基础研究增砖添瓦。

（本文原载于 2019 年 4 月 28 日华东理工大学官微）

【心语思】

很多人问我做科研的秘诀是什么，我将这些所谓的“秘诀”总结为以下几点：

一是要善于发现化学之美。化学之美可以是一个分子结构、一张照片、一个概念。因此，每当想起一个 idea，或者观察到一个实验现象，我都会去思考这些能否展现化学之美，去真正地吸引读者。

二是要学会平衡工作和休闲的时间。全天忙碌于实验室不一定是得到回报的最佳办法，学会放松自己，提高效率，才是能够捕获化学之美的关键。

三是多与导师进行该领域科学蓝图上的探讨。我非常享受每一次和我的导师田老师、曲老师进行工作讨论的时间，这些讨论不一定局限于实验的具体操作或者数据分析，更多的则是着眼于我们这个领域下一步应该如何发展，这样的探讨既是对自己科研生涯的期盼，也是对自己所研究领域的执着。

只要想，就去做，没有不可能！

——记华东理工大学商学院大三学生左子麒①

人物名片：左子麒，华东理工大学商学院商管160班学习委员，华理EAPC学术英语社团创始人、前社长，创业协会前会长，学术英语工作站创始人，组织学校学生为中国工程院院刊*Engineering*译稿70余万字并全部发表，享玩SharePlay项目联合创始人，搭建新奇酷智能硬件共享租赁平台，斩获2018年“创青春”全国大学生创业大赛金奖等数十项创新创业大奖。获华东理工大学“2018年度大学生年度人物”等荣誉。

没有心仪的学生社团，他就自己创办English for academic purpose club（EAPC）；作为EAPC社长，他组织同学翻译中国工程院院刊*Engineering*专业学术文章，累计在院刊上发表70余万字，盈利30余万元；瞄准共享租赁平台，他带领团队创立享玩SharePlay创业项目，累计获取用户100万人，线上流水近2 000万元，平台发布设备总价值5 000万元，并且斩获了2018年“创青春”

---

① 学生记者王欢、纪宇婧采写。

全国大学生创业大赛金奖……这些闪耀成绩的缔造者，是华东理工大学商学院大三学子左子麒。

“青春须早为，岂能长少年。”深谙于此的左子麒，用“全面开挂”书写着精彩热烈的青春。

以梦为马

高考结束后，你是否也会对大学的精彩生活产生无比的向往和憧憬？是否也想在大学里大展拳脚？志愿填报前，左子麒就与华理负责招生工作的吴承钧老师对什么是大学、大学生活应该怎么度过等问题交流了很久。

“提前思考以及吴老师的指导，对我大学后的学习生活规划都起了巨大的作用。”左子麒说。

进入大学后，学校的近百个学生社团有些“乱花渐欲迷人眼”，但目标明确的左子麒认为，作为商学院学生，自己应该主动锻炼商务和交流能力。带着对大学的学术憧憬，左子麒在老师和学长、学姐的支持下，大胆地创办了 EAPC 学术英语社团并担任社长，从搭建社团的组织架构、策划社团的活动内容等基础工作开始，不断地完善社团的管理制度，组织各种有意义的活动。

作为 EAPC 社长，左子麒自我要求严格，三年来每天坚持晨读。同时，对语言有浓厚兴趣的他，还辅修了德语。

学习中，左子麒逐渐和外国同学建立了友谊，并在国际教育学院多位老师的帮助下，以多样的文化活动架起了 EAPC 社团和留学生之间沟通的桥梁。

为了使外国留学生深入了解中国，左子麒主动联系校外组织，组织留学生走进社区。和留学生一起开展的语伴活动，也成了 EAPC 社团的一大特色，至今已举办了 20 余场主题中外交流活动，累计参加的中外学生逾千人。

左子麒还在外国语学院龚嵘和商学院蒋志强两位老师的帮助下，依托 EAPC 社团开展大学生创新创业训练计划项目：学术英语工作站——为中国工程院院刊 *Engineering* 翻译专业学术文章。

“这个项目能为同学们带来经济和教育效益，使不同学科的学生既能提高学术英语能力，又能接触到前沿的科学进展。”左子麒带领社团同学一路坚持，成

功申请到国家级“大创”项目，截至目前，已组织华理学子累计在*Engineering*上发表70余万字翻译文章，盈利30余万元。

“做对别人有益的事，做符合自己长远规划的事，做自己感兴趣的事。这是我的处事准则。”左子麒说，社团是自己创业的模拟器，通过管理社团锻炼了自己的组织协调能力，同时也增强了与人沟通的能力。

以学为舟

大一下学期时，在夏汝卿老师的邀请下，同时也为了锻炼自己，左子麒主动接过创业协会会长的接力棒。在大家的努力下，创业协会孵化的5支创业团队闯进了第三届“互联网+”创新创业大赛校赛决赛。

从此，左子麒与创业结缘。

“对现实的改变是基于对生活的观察与思考。”了解到传统智能硬件消费者和商家面临的种种困境后，左子麒带领团队创立了以新奇智能硬件为主打的单

品共享租赁服务平台——享玩 SharePlay。该项目获得了 2018 年“创青春”全国大学生创业大赛国赛金奖。

但创业的过程却充满挑战。

享玩 SharePlay 的主要客户是年轻人，但年轻人用到智能产品较多的地方在哪儿，什么地方市场前景大？年轻人旅行时倾向于使用新奇智能硬件进行娱乐，而作为年轻人旅行时聚集地的中国国际青年旅舍便成了优质的线下入口。

炎热的夏天没有阻挠他们的脚步，商家的拒绝也没有使他们退缩，左子麒和好友张鑫苗几乎走遍了上海的青年旅舍。

“辛苦不觉得，过程蛮有趣。”在调研之后，左子麒积极联系广州青年旅舍总公司的负责人，经过双方的努力，他们达成合作。

这给了左子麒和团队莫大的信心。在其后举办的芝麻信用生态大会上，左子麒又想办法与蚂蚁金服高级副总裁王博取得联系，助力享玩进驻支付宝。

创业的过程不易，在负责“享玩”的同时，左子麒还是两个社团的社长，是每周学习绘画的美术爱好者，是华理乒乓球校队的一员，更是商学院的学生。作为一名大学生创业者，平衡学习和工作的关系是左子麒无法回避的。他将商学院学习的理论与创业过程相结合。

“有时前一天实践中刚产生的疑问，第二天老师在课堂上就讲到了。”这是左子麒的直接感触。

当在各类实践中有了丰富的积累后，他感到学习的内容也具体生动了，取得优异的成绩似乎成了水到渠成的事。而课堂知识又进一步提升了他的工作能力。“学完《民商法》后，我就开始自己写合同给别人签了。”

奋进的过程不止于理论的学习。信任他的学长带领他参与融资，接触不同的创业人，在这个过程中，他学习了销售渠道、商业路演、与合作方的对接、团队的管理等各方面的知识。

以人为师

左子麒认为，自己成长的每一步都离不开老师和学长的鼎力支持。提到曾指引方向、给予帮助的每一位老师，他都流露出无限的感激之情。

大一、大二时，他觉得自己年纪还小，不太成熟，担心自己的一些表现会给对方带来不好的印象。于是，他就给接触或合作过的商业人士写信，感谢他们对自己的帮助，同时为自己可能做得不好的地方道歉。那一封封的手写信也正是左子麒为人真诚、有温度的体现。

勇于挑战的他同时也有着不断总结思考的习惯，会在日记中一笔一画地记下平日里的所思所悟。到了假期他会特地选择一段时间在山间徒步，静心避世，到了晚上就住在山中的庙里。“在那里我会想清楚很多事情。”

左子麒把做决定比作下围棋，每一颗子落下之后就会牵动整个布局，水平不够时看不到落子后的种种变化，但相信自己会到达理想的终点，那么在做选择的时候会更加勇敢。

“得失考虑得太仔细，可能所做的选择就会被现有的状况所局限。如果一开始就想怎么创业，可能会做不好。去忘记招式，做自己想做的事，在帮助他人的同时做符合长远规划的事，在人生的转角就会有很多人帮助。”这是左子麒对于自己三年创业成长之路的感悟。

美国动物学家 Jordan David Starr 说：“一个人只要知道上哪儿去，全世界都会给他让路。”作为华理学子，左子麒谨记“勤奋求实，励志明德”的校训精神，感恩学校给予自己的宝贵机会。他说：“华理让我相信——只要想，就去做，没有不可能。”

（本文原载于 2019 年 6 月 21 日《华东理工大学周报》第二版）

【心语思】

在最初选择学校的时候，我看到了华理的校训是“勤奋求实，励志明德”。在我完全不了解一所学校时，正是这句校训吸引了我。在华理学习、生活了三年之后，我也对校训有了深刻的理解，即修学储能、经世致用。何谓经世？致力于国家，致力于社会谓之经世；何谓致用？以我之所学，化我之所用谓之致用。经世致用者，就是说我们不是为了读书而读书，我们读书的目的、求学的动力，是为了学得知识，以求改进我们人类，建设我们的社会，做有用的事。

励志明德，以我之所学，为民生民智而效绵薄；勤奋求实，纵横捭阖之间不忘初心，为人类文明的大繁荣大发展而尽一己之力。这是我看到校训第一眼想到的事情，三年里我时刻铭记，在未来的人生中，亦会指导我继续做更多的事情。我无比真诚地祝愿母校可以培养出更多具有开阔胸襟与平和心态的人才，在人类历史的浩瀚夜空之中，流星总会相遇，照亮一方天宇。

实验室里飞出科技兴国梦

——记 2018 年“创青春”全国大学生创业大赛银奖得主华航复材团队①

人物名片：华航复材团队由华东理工大学化工学院、商学院、艺术学院的 9 名研究生组成，具有材料、化工、财务、法学、金融、工业设计等专业背景，以及世界 500 强企业、互联网、券商、银行等行业实习实践经历，多人曾获国家奖学金、优秀学生等奖励。他们独具匠心，依托实验室研发成果进行创新创业尝试，相继在多项创新创业赛事上斩获上海市金奖、全国银奖。

打破国外垄断，成为国产高性能碳纤维热塑性复合材料开拓者和领军企业，为国防工业发展提供有力技术支撑——这是上海华航碳纤维复合材料有限公司创业计划书中的雄心壮志，也是华东理工大学 9 名研究生的创新创业心声。

拥有 3 项发明专利，收获 4 份书面合作意向书，获得多家创投机构青睐，

---

① 记者石翎采写。

2018 年 9 月向 CR929 远程宽体客机的潜在供应商进行产品试用时获得认可，受邀参加遵义创业项目对接活动……由单毫、洪成、贾凯慧、卓威、邬胜波、陈宇等组成的华航复材团队广受社会关注。

与此同时，他们也屡屡在创新创业赛事中脱颖而出——荣获中国第四届“互联网 +”创新创业大赛上海市金奖、全国银奖，2018 年“创青春”全国大学生创业大赛上海市金奖、全国银奖。

洞见未来　抢占先机

又轻又结实，既耐高温又耐腐蚀，抗冲击性强、可塑性高，将具备这些特点的材料应用于飞机制造，可以取代部分金属材料，减轻机身重量，减少燃油使用，降低碳排放。华航复材团队便着眼于此，开发了连续碳纤维增强聚醚醚酮复合材料（CF/PEEK 复合材料）。

这种复合材料的强度比金属高 5 倍，重量比金属轻 60%，性能比同类产品提升了 10%以上，不仅耐高温、耐腐蚀、抗冲击，还具备自润滑、耐磨损、X 光可透过、耐辐射等特性，除能广泛应用于航空航天领域外，还能在武器装备、能源工业、交通运输、医疗器械等领域大显身手（下图分别为华航复材团队研发的 CF/PEEK 单向层压板、编织层压板、预浸带编织物）。

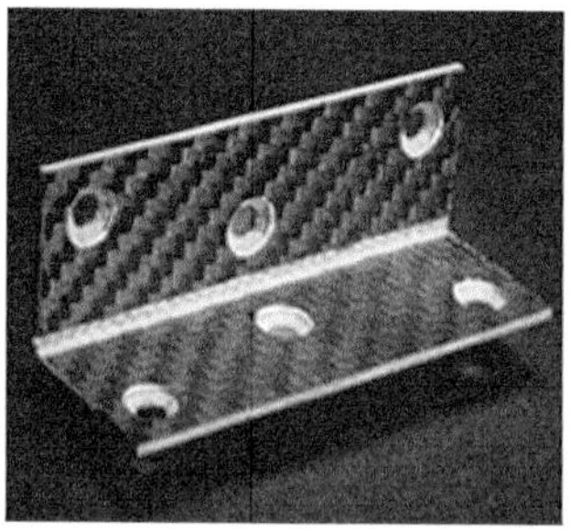

华航复材团队的调研显示，受限于较高的技术壁垒，全球能生产 CF/PEEK 复合材料的企业屈指可数。国外对中国采取技术封锁，目前国内对该材料的研发尚停留在实验室阶段，无工业化生产能力。然而，我国大飞机、高速列车、汽车工业、核电工程等对该材料的需求十分迫切。如今，高性能纤维及其复合材料相关产业在全球范围内发展迅速，市场对轻量化、可回收、环境友好型材料的需求也在日益增长。若在制造业中大规模应用相关材料，可大大提升制造业轻量化科技水平。因此，自“十二五”以来，我国高度重视高性能纤维复合材料的研发和应用，并制定了相应的战略规划。

从创业计划书中可见，华航复材团队拥有 CF/PEEK 复合材料制造方法，已基本完成产品开发，产品多项性能指标优于国外同类产品，具备抢占国内市场的优势。

眼界高远又脚踏实地，科技兴国又学以致用，这或许是华航复材团队在各类创新创业赛上过关斩将、屡获青睐的关键所在。

情怀为上　攻坚克难

“这个创新创业项目非常有意义！或许我们还有一些不足，产品也还有提升空间，但我十分看好 CF/PEEK 复合材料的发展前景。未来，国家一定会量产相关材料的。”华航复材团队的灵魂人物单毫如此表示。

家族里出过好几个军人，由此，1991 年出生的单毫同样家国情怀浓厚。2012 年，在华理读大三时，他毅然决然报名成为大学生义务兵，自愿在军营里接受历练。“任何事情只要努力都有可能完成!”两年多的磨砺，让他变得更自信、更强大了。带着顽强坚毅的意志品质，2015 年回校后，他埋头苦读，之后考研成功，师从化工学院周晓东老师。选择研究课题时，CF/PEEK 复合材料便深深吸引了单毫——国外早已将其应用于航空航天、军工武器等领域了，我们国家为什么不行呢？他立刻决定投身其中。同一实验室的洪成、陈宇也加入其中组成了初创团队。

课题难度大，文献资料匮乏，实验条件艰苦……但单毫团队没有被这些拦路虎吓退分毫。400℃的高温加工条件下，大家顶着炎热持续奋战，却屡战屡败。沮丧之余，队员们仍然认真分析，仔细思考。此后，他们决定打破传统，大胆尝试新方法。没有经验可以借鉴，他们便自己摸索，一一解决实验过程中产生的各种问题。经过不懈努力与反复尝试，最终队员们克服了 PEEK 树脂加工温度高、熔融黏度大、很难充分浸渍纤维这一难题，改善了

生产工艺与生产设备，大大提升了 CF/PEEK 复合材料的性能，并申请了发明专利。

众志成城　其利断金

“科研成果不该束之高阁，我们的技术和产品应该去市场上接受检验！”单毫和队员们再迈进一步，放眼实验室外的广阔天地。他们开始广泛调研，收集各方信息。此时，恰逢 2018 年“创青春”全国大学生创业大赛校内选拔赛即将举行。得知这个消息后，他们即刻决定参赛，一方面锻炼创业能力，另一方面探探市场认可度。

生产总监卓威、市场总监邬胜波、财务总监贾凯慧……他们陆续吸纳了多位优秀研究生，从技术团队扩充至创业团队。团队成员分工明确，各展所长，摩拳擦掌，准备大干一场。

“我们团队每个人的能力都很强，拧成了一股绳。”“我们的调研很充分，技术与产品研发现状、国内外市场、产业链上下游企业、竞争对手等情况都摸了

个透。”“大家做事很认真，思考很深入，会把所有可能性都列举出来一一排除异议，力争各项内容能被普遍接纳。”单毫、洪成均表示，在充分调研、思考与探讨后，团队形成了详尽完备的创业计划书。

令华航复材团队颇感意外的是，此次牛刀小试便大获成功，此后一路挺进市赛、国赛。不止如此，评委青睐、创投机构抛出橄榄枝、企业登门拜访……参赛更使华航复材团队精神振奋，眼界开阔，深入市场。

“这个世上确实有很多很厉害的人值得学习。有些人确实在做一些改变世界的事。”邬胜波说，实践出真知，参加比赛不仅能大幅提升快速学习与适应能力，更重要的是能打开胸怀，扩大眼界。

“国内的企业家也很有情怀，一心想着如何将相关产品国产化。我们的创业项目能够为国内市场注入一些信心，这给了我无可言喻的成就感。”单毫表示，不论未来如何，今后仍将继续服务于相关领域。

（本文原载于2018年11月5日华东理工大学新闻网）

【心语思】

创新创业的道路注定不是坦途，而是筚路蓝缕、充满艰辛的，但是每一个成功的科研创新者和科技创业者总是不约而同地契合时代的需要。当今世界高端制造业越来越成为衡量一个国家实力的重要指标，中国也将完成从制造大国向制造强国的转变。我们青年大学生应抓住时代机遇，主动将个人理想融入国家战略，立足研究领域，秉持创新精神，坚定科创理念，提高创新创业能力，不畏艰难困苦，发掘市场机会，努力提升创业的科学含量和技术底蕴，为建设社会主义现代化强国贡献青春力量！

让每个人都有人生出彩的机会

——记华东理工大学首届"励志计划"学子的华丽转身[①]

人物名片：为进一步提高重点高校招收农村学生比例，让更多勤奋好学的农村学生享受到优质的高等教育资源，大力促进入学机会公平，华东理工大学2014年实施自主选拔"励志计划"，主要面向边远、贫困、民族地区县及县以下中学勤奋好学、成绩优秀的农村学生，录取的学生组成2014级"明德班"。

2018届励志明德班总计42人。毕业时，全班有14人选择继续深造（其中7人获得推免面试资格）；就业学生中，1人进入世界500强公司工作，3人选择加入西部计划志愿者队伍。四年中，全班奖学金获得率超75%，社会工作奖获得率超50%；9人获得优秀学生、优秀学生干部、优秀团员等荣誉；2人获得校优秀毕业生称号，1人获得上海市优秀毕业生称号。

四年前，刚入读华东理工大学的田恒写下了自己的目标：不挂科，英语要过四级，回家。四年后，田恒不但通过了大学英语六级考试，还以优异的成绩

---

① 记者张婷采写。

被保研到上海交通大学。

优秀如他，为何当初定下那么低标准的目标？

“跟其他同学比，基础差，没信心。”这源于田恒的入学方式有些不同——2014 年，作为教育部重点高校，华理积极响应教育部号召，实施了农村学生单独招生的“励志计划”（高校专项计划），为促进入学机会公平，让更多勤奋好学的农村学子享受到优质的高等教育资源开辟了通道。这一年，有 42 名勤奋好学的农村理科学生通过笔试和面试，在高考成绩达到当地理工类一本线后，被华理正式录取。田恒即为其中之一。

虽然基础相对较弱，但在华理四年，“田恒们”非但没有掉队，还交出了一份漂亮的毕业答卷：12 人继续深造，20 人直接工作，2 人参与西部支教，1 人参加“西部计划”，2 人参军入伍归来……

那么，这些“励志计划”首批学子是如何完成“逆袭”的呢？

除了勤奋　没有捷径

从“希望不挂科”到专业第一，田恒有什么学习秘诀?

“除了勤奋，没有捷径。”说完这句话，田恒腼腆地笑了。

田恒就读的是无机非金属材料专业，刚入大学时，大学物理、高等数学等基础课都有些听不懂。“我告诉自己一定要跟上大家、不掉队，听不懂，就课前预习梳理难点，课堂上认真记笔记、抓重点，课后复习巩固。”就这样，田恒完成了从“不会学”到“会学习”的转变，信心一步步树立起来，成绩也一路飙升：从听不懂，到专业第八、专业第三，再到稳坐专业第一。

田恒的勤奋，更多的体现是自律和专注：大学四年，从未缺过一堂课；为了集中精力听清老师的授课内容，从未离开过教室前三排的“学霸区”；每天坚持课外学习两个小时以上，周末更长达五六个小时；每天早上 6 点多起床，为

了保证充足的精力，甚至养成了在吵闹环境中入睡的习惯……

“就是践行了华理‘勤奋求实、励志明德’的校训精神。”虽然被保送到上海交通大学硕博连读，田恒并不觉得自己是“学霸”，反而对未来多了一份敬畏之心：“做科研是很磨人的过程，不确定的因素很多，但我会慢慢找方法。”

像田恒一样，华理“励志计划”的首届毕业生都相信奋斗的力量：大学四年中，共有 82 人次获得优秀学生、国家励志奖学金等荣誉和奖励；在继续深造的学生中，7 人以优异的成绩被保研，5 人通过自己的努力考研成功；就业的学生中，1 人被世界 500 强企业录用……

敢于自立　必将自强

在靳惠宇的奋斗目标里，有一条是“独立完成四年费用的积攒”。四年过去后，他很开心的是，自己完成了这个目标。

“励志计划”学子都来自边远、贫困、少数民族地区，经济压力是他们成长路

上的一道拦路虎。为了免除家庭贫困学生的后顾之忧，华理优先为他们提供勤工助学岗位，让学生“入校即上岗”。据华东理工大学学工部副部长崔姗姗介绍，首届“励志计划”学子中，有 31 人参加了勤工助学，靳惠宇就是其中的受益者。

“学费是用助学贷款，生活费全部由我自理。”靳惠宇算了一笔账，通过勤工助学和暑期兼职，他大约挣下了 4.2 万元工资，加上助学金、奖学金，大学四年，没有花家里的一分钱。

除了靳惠宇，很多同学都选择将勤工助学“进行到底”：方宏龙只在大一开学时从家里拿过一万块钱；杭天琳连续三年被评为华理勤工助学实业集团的“优秀员工”；张欢欢现在还担任着徐汇校区报亭的经理……

如果说勤工助学使“励志计划”学子迈出自强第一步，“上海医药雏雁励志明德俱乐部”的成立则使他们更加自立。

2015 年，华理与企业合作成立了“上海医药雏雁励志明德俱乐部”，希望搭建平台，将“励志计划”学生聚在一起，凝结成一股力量。靳惠宇、方宏龙等都是首批建设者，在筹建俱乐部的八个月里，他们熬过通宵，有过失落和困惑，但最终团队一起完成了俱乐部章程的制定、有关活动的策划，以及会徽、会旗和会员成长记录手册的设计。

俱乐部成立后，靳惠宇担任俱乐部第一届理事长，方宏龙担任副理事长，杭天琳任秘书处部长，负责组织开展学习交流会、礼仪培训、志愿义工服务、校企共建等活动。现在，方宏龙则成了俱乐部的“指导老师”，手把手地向学弟学妹们传授经验。

得到爱，也给予爱

今年 7 月，方宏龙将作为华东理工大学研究生支教团成员赴云南寻甸支教一年。

从山里来，到山里去，他想将自己得到的爱，分享给更多的孩子。

“在华理，得到的关爱太多了！”方宏龙开始一一细数起来：“励志计划”笔试和面试，是华理的校长亲自带队“送考上门”；入学报到时，是学校提供的免费机票；提前入学集训，学业帮扶，提供勤工助学、社会实践和企业实习机

会……

初入大学的方宏龙曾无措和迷惘：陕西省的英语高考不考听力，但在华理，大学一开学就要进行“听说读写”全方位的英语测试；参加勤工助学和社团活动，却因为很少接触过办公自动化软件而无从下手……其实，不仅仅是方宏龙，这也是大部分“励志计划”学生的“痛点”。

“不让一名学生掉队!”学校的学业帮扶，给他们带来了信心：提前一周入学，参加重点强化英语和计算机课程培训的学习辅导班；大学英语党支部“结对”帮扶，根据每个人的特点，在听力训练、发音语调、语感的培养等方面，进行有针对性的指导。一系列的帮扶，不但缓解了方宏龙他们的困扰，4 名学生还辅修了第二专业并获得学位，其中，3 人辅修英语专业、1 人辅修计算机专业。

感受温暖，也将光和热带给更多的人。“励志计划”学子将爱心播撒：上海市外国留学生龙舟赛场上，有他们志愿服务的身影；华理“小蜜蜂义工队”活动里，有他们整理废旧书籍、回收废旧衣物的辛劳；华理“爱心宿舍”活动，有他们为校园环保与绿色付出的努力；“无偿献血”倡议一发出，他们又毫不犹豫地撸起袖子……据崔姗姗介绍，“励志计划”学子参与志愿服务活动的比例是 100%。

报效桑梓　矢志不渝

“我的‘西部计划’面试过了，现在正在等体检通知。”6 月 25 日，杭天琳开心地告诉记者。这一刻，她已期待很久。

杭天琳来自云南寻甸县，是村里的第二个大学生、第一个女大学生。四年前，她给自己定下了一个目标：成为一个为人民服务的公务员，改变家乡状况，尽力让它进步、繁荣。

为了实现目标，杭天琳四年来一直关注时政，并利用暑假到上海市徐汇区政府部门挂职学习；尽管具备工程管理和计算机双专业的竞争力，却一直与《行政能力测试》和《申论》“纠缠不休”。

然而，运气却似乎一而再地与杭天琳开玩笑，她的公务员考试之路并不顺畅。虽然有些气馁，但她不放弃努力。终于，“大学生西部志愿者计划”向她伸出了橄榄枝。

“如果被录用，也许不会被分到寻甸，但能回到云南，就让我非常开心了！”杭天琳说。

“让每个人都有人生出彩的机会”，在华东理工大学的舞台上，“励志计划”学子实现了自我，完成了蜕变。6 月 29 日的毕业典礼后，他们的人生必将翻开新的篇章。

（本文原载于 2018 年 8 月 27 日华东理工大学新闻网）

【心语思】

作为华理“励志计划”的首届毕业生，回顾过去，我们硕果累累；展望未来，我们充满希望。在华理四年，我们交出的不只是一份漂亮的答卷，更是绘就了一幅绚丽的人生蓝图！我们感受最深刻的有以下几点：一是敢于自立，必将自强。我们积极参加校内外勤工助学工作，通过自己的努力传播着自立自强的声音。二是除了勤奋，没有捷径。我们相互帮扶，力争让每一个成员都前进。三是心怀感恩，砥砺前行。西部计划志愿者、研究生支教团志愿者、携笔从戎等，是我们的选择，更是我们的追求！我们用青春书写的是“勤奋求实”的故事，发扬的是“励志明德”的精神！

冷灰里蹦出一颗热黄豆

——记华东理工大学2018年度成思危名誉校长奖学金特等奖获得者、商学院本科生向伟林①

人物名片：向伟林，土家族，商学院2015级市场营销专业本科生，华东理工大学2017年大学生年度人物；曾担任商学院团委副书记、首届中国国际进口博览会华东理工大学志愿服务队临时党支部书记。大学期间，获得成思危名誉校长奖学金特等奖、优秀奖学金特等奖、国家奖学金、华谊奖学金、金龙鱼奖学金等荣誉，获得上海市十佳资助宣传大使，华东理工大学优秀学生、优秀学生干部等荣誉称号，被评为华东理工大学2018年度“榜样力量代言人”。

从大一时不知道如何开电脑差点急哭，到大三成长为同学口中的“向老师”，大四保研上海财经大学硕博连读，商学院营销150班的土家族男生向伟林本科四年在华理“华丽转身”。向伟林的求学经历，用他家乡——湖北省恩施土家族苗族自治州的话来说，就是“冷灰里蹦出一颗热黄豆”。

① 记者卞慧采写。

“不好好上学肯定不合适”

向伟林的求学路并不轻松——从小学的“两免一补”，到大学的国家奖学金、国家助学金，十余年助学，成就了他的大学梦，“可以说我是吃着‘百家饭’一路走来的”。

初中到县城读书，需要坐 2 个小时的汽车。因此他 13 岁就在廉租房里独立生活，一个月回一次家。每天回到住处，15 分钟做饭，15 分钟吃饭，然后抓紧时间写作业。

“13 岁不小了”，他不认为独立生活有多苦，他说，“难的是做饭”。那时他最喜欢做的是一道土家菜，叫“炕土豆”，既简单又好吃，既当菜又当饭，就是不禁饿。“晚上 11 点做完作业就饿了，只能喝些水。”

虽然生活上苦一点儿，但他学习成绩很好，通常能考班级第一，是个“学霸”。

“学霸”也会碰到新问题。到了大学，“一进机房就懵了”，他不知道电脑怎么开机，不会用“Ctrl + C”“Ctrl + V”，不知道 U 盘是什么东西。花了两个周末，在室友的帮助下，他从学打字开始摸索，渐渐跟上同学们的节奏。

“家里不容易，不好好上学肯定不合适。”抱着这种想法，他在学业上追求优秀，发表了 2 篇论文，其中 1 篇是 CSSCI 论文；在创新创业方面，获得了第三届“汇创青春”上海大学生文化创意作品比赛一等奖、第七届全国大学生电子商务“创新、创意及创业”挑战赛上海赛区二等奖等荣誉。

本科期间，向伟林收获了近 40 张荣誉证书，并以专业第一的成绩被保送到上海财经大学读研。

一起复习变成“向老师”

“学习是相互的。在学习上有困难的不止我一人，把我学会的分享给大家，我们所获得的就能加倍了。”作为团支书，向伟林把对学习的热情辐射到了同学身上。

一开始，同学们零星地向他请教问题。问得多了，他就把一些具有共性的问题答案发到班级 QQ 群里，看不懂的同学再面对面讲解。

“其实就是跟大家一起复习。”向伟林说，他们班有“一对一”帮扶小组，有自己的“高数二课堂”。

期末考试周，他们喜欢在大学生活动中心的咖啡屋开门营业前 10 多分钟赶到，“基本承包了那张最大的桌子”，从早到晚不停歇，用来交流答疑。因为参与的同学越来越多，范围越来越广，他便有了“向老师”的称号。

大三下学期，班导师费鸿萍告诉他，班级里有几名同学因为成绩不过关有被退学的危险，希望他想想办法。

他挨个儿了解几名同学的挂科情况，安排其他同学一对一辅导。“学习不能打游击战，东一榔头西一棒槌的，要有计划。”向伟林帮他们制订了学习计划，具体到每一门在每一周要复习到哪一章。平时也常常问一句“最近学得怎样啦”。他觉得响鼓不用重槌，端正态度最重要，“有紧迫感就行了”。

学期末，5 名同学摆脱了退学危机。有一位甚至一个学期就还清了欠下的

20 多个学分。

同班同学周成臣介绍说，向伟林喜欢从基础理论讲起，出题用意、易错点讲得很透彻，容易理解，“同学们都喜欢找他辅导”。

做一颗“热黄豆”分享热

2018 年的五四表彰大会上，向伟林代表 10 位华理 2017 年度“大学生年度人物”发言。他说：“感恩，永远是我的主题词。是他人的关爱让我从冷灰里蹦了出来。我愿做一粒‘热黄豆’，把自己的热分享给别人。”

“大学期间，公益实践活动或许是我回馈社会最直接的方式。”他到蒲公英小学给农民工子女讲课，到上海博物馆用英文导览，到星火消防站为消防官兵讲题目，到四川参加岷江流域“河长制”调研，宣传环保理念……

2018 年 2 月，向伟林参加“我选湖北”回乡计划，在家乡恩施高台村村委会精准扶贫岗位上挂职 10 天。10 天里，他在近 40 平方公里的山林里奔波，走遍全村 10 个村民小组，拜访了 412 户贫困家庭，完成了当地“社会扶贫网”的

贫困户注册工作。

首届进口博览会期间，向伟林等 80 余名华理学生在希尔顿逸林酒店为虹桥媒体智库论坛提供志愿服务。从培训到上岗的 15 天里，每天早晚各 8 小时，他们分成两班轮岗。他所在的 5 人小组负责 9 000 多册图书和 1 000 多份会议材料的整理、装袋、核查、摆放。考虑到物资管理的连续性，他在开始和结束盘点的时候，还主动申请不轮岗，连续工作 16 个小时。

作为华理志愿服务队的临时党支部书记，他还在服务工作之余为《青年报》、*Shanghai Daily*、上海教育、青春上海等媒体提供新闻素材，宣传华理的志愿服务工作。

大一那年的植树节，向伟林在通海湖边种下了一棵小树苗。他希望自己跟这棵小树一样，除了植根于华理的沃土，在华理的春风雨露中抽芽、成长，还要坚守“热黄豆”的初心，不忘感恩和责任，传递更多的热量，书写别样的青春风采。

（本文原载于 2019 年 4 月 12 日《华东理工大学周报》第二版）

【心语思】

感恩，永远是我的主题词。因为感恩，我的生活更加精彩。感恩和学习是相互的，在感恩和给予的过程中，我也得到了进步与快乐。

大学四年，的确成长了很多。正如我在通海湖边种下的那棵小树一样，要不断地从土壤中汲取营养，才能变得更高更壮。每个人汲取营养的过程就是一个奋斗的过程。奋斗不是某个人的专属名词，而是适应新时代的必备品质。曾经的我们或许娇情，或许弱不禁风，但是经过不断的洗礼，要学会变得强壮。

习近平总书记在进博会主旨演讲中讲道，中国经济是一片大海，而不是一个池塘。于我们个人而言，这是一种激励。我们要让自己成长为一片汪洋大海，不要局限在小小的池塘，在风浪下也要保持波澜不惊。

“IT 狂人”的平凡梦想

——记华东理工大学大学生年度人物、2015 级信息工程专业学生张斌杰①

人物名片：张斌杰，华东理工大学信息科学与工程学院信息工程专业 2015 级本科生；大学期间拿到 7 门必修课满分，获得国家奖学金、综合课程奖学金特等、“金龙鱼”奖学金、宝钢优秀学生奖学金，以及数模美赛一等奖、iGEM 国际遗传工程机器大赛全球金牌、大学生计算机设计大赛全国一等奖、上海市阳光大联赛男子武术拳操一等奖等；获得校大学生年度人物、优秀团员、优秀学生干部、优秀学生等荣誉称号，现已保送至清华深圳研究生院深造。

“明天有个概率论讲座去不去听？是信息学院的‘大神’主讲。”

在座无虚席的大教室外面，记者第一次听说这个男生。向人打听，才知道这个神秘的主讲人是信息工程 153 班的班长张斌杰。这个名声在外的“小老师”，已经开了好几次高难度课程的复习课。而他确实有“小老师”的样子——

① 学生记者金钰尧采写。

连续2年获得国家奖学金，高等数学、线性代数、复变函数等6门课程成绩满分。

书山有路，勤奋能渡无涯学海

梳着“贝克汉姆”发型，戴着金边眼镜，对着电脑的时候眼睛里闪烁着兴奋的光芒；忙碌训练的武术队里，离弦之箭似的龙舟上，他又露出了另一副坚毅而认真的神情。

这个帅气的男孩是个不折不扣的学霸。课堂上玩转课本，是平均成绩94.8分的“小能手”；学院办公室里，成了写几行代码就帮老师导出海量表格的“知心男孩”；闲暇时，又是斯坦福大学等牛校的“新生小白”。他利用课余时间完成几十个小时的学习，已经顺利拿到了斯坦福大学“机器学习”和伦敦大学“网页设计”等在线课程的结课证书。

“我在学校里学到的最有用的知识，就是如何自主学习。”学霸也有平凡的

一面：“一开始接触全英文的网络课程学习，完全是一头雾水，首先要克服的居然是语言关。我在学英语上花了很多时间，直到现在也还在路上。”

除此之外，信息工程专业的他，还旁听了本校计算机专业的课程。和一般“蹭课”的学生不一样，一开学，他就去了教务处，跑前跑后地把计算机专业的“离散数学”加进了自己的课表。“这样一来期末考试表里又增加了一门，可以督促我更高效地学习。”而对于这种跨专业的旁听和学习，他似乎已经习以为常了。“我觉得计算机很有意思，还有很多需要去学习的东西。”张斌杰保持热情和好奇心的同时，也保持着勤奋和谦虚。

厚积薄发，纸上得来必要躬行

张斌杰创新项目的指导老师万永菁说：“他总是能针对问题提出自己的想法，然后去实践。”张斌杰在大一时协助完成教学辅助系统“Piclass”的开发以及运维。该系统为校内学子提供刷题、在线编程、作业上传与批改等多种服务，

校内用户数超过 8 000。

到了期末考试周，用户流量大，容易导致系统瘫痪。他不仅要每天定时查看系统运行情况并及时采取补救措施，还要兼顾自己的学习。熬夜写代码变成了家常便饭，虽然辛苦，但是能够为全校学生提供服务，他乐在其中。

2017 年 7 月，张斌杰参加了全国大学生智能互联大赛。这次他的项目，是处理各大高校实验室管理方面遇到的难题。在平时的学习生活中，他发现很多高校高精尖仪器平台都存在许多普遍性问题，比如实验仪器预约、管理不便和用电安全隐患等。

针对这一痛点，通过建模分析、社会实践等环节，他和团队成员一起通过制定智能检测、在线预约、刷卡取电、取卡断电等措施，建立了安全和智能的实验室管理系统，最终获得了华东赛区二等奖。

队友方传涛回忆："我们调试代码的时候，遇到一个怎么调都解决不掉的 bug，连老师当时也没看出来，这时斌杰对着千行代码，硬是找到了问题的关键。"提及此事，张斌杰说，他的灵感完全是由于"实践出真知"。

他的经验之谈则是先检查有没有基本的语法错误和逻辑错误，之后要采用分块单独测试，一一排查。他强调："实现目的的途径不是唯一的，很多时候突破固有思维也很重要。"

触类旁通，国际赛场初展拳脚

经过两年的知识沉淀和竞赛创新能力的培养，2017 年 11 月，张斌杰第一次参加了国际性的比赛：iGEM（International Genetically Engineered Machine Competition）遗传工程机器大赛。该赛事是生物学和信息学等多学科交叉型竞赛。他第一次走进一个迥然不同的生物世界。参赛的不仅有国内顶尖名校的学生，更有哈佛、麻省理工等外国名校的学子。

向来自生工学院的竞赛队员"恶补"了生物知识之后，张斌杰参与了"Light Harvester（光收获者）"课题。"不了解生物常识，会犯许多低级错误。"复杂的实验流程和生物反应式，排版的时候在顺序和细节上一点儿都不能错。以污水中有机酸作为底物反应的工程菌，要吸收光子才能开始光合作用。“反应式里一个小小的‘e’（电子）和‘H^+’（氢离子）都是整个合成的关键。”

让他记忆深刻的是展示项目的网页“wiki”冻结的前夜。为了和实验队员们对接，他需要综合运用 HTML、JS、CSS、PHP 等多种编程语言，通宵完成多达几十个页面的布局排版与设计，代码数量多达几万行。最终，他们的项目首战夺金。

Coursera（免费大型公开在线课程项目）的创始人 Andrew Ng 是张斌杰的偶像。“他是人工智能和机器学习领域的权威，也是他的经历在激励着我，要用所学为大家创造便利的生活。”

如何在庞杂的学科之间实现交叉互联、触类旁通？张斌杰用自己的经历证明，这需要的不仅仅是兴趣的引领和知识的储备，更要敢于实践，乐于创新，还要有一颗时刻怀揣梦想的心。

（本文原载于 2018 年 6 月 4 日华东理工大学新闻网）

【心语思】

人生因为拼搏而精彩！我的大学生涯可以大致分为夯实专业基础、培养创新能力、拓展知识体系三个部分。

大一时，我怀揣着拼搏之心，积极活跃在课堂上，夯实专业基础，仅高等数学一门课，就反反复复将书完整“啃”过五遍，扎实的数理功底对后续专业课的学习以及竞赛创新提供了良好的“硬件条件”。

大二时，我充分利用学校提供的创新平台，从最开始的技术小白，成长为竞赛队的技术骨干。有几点经验：多请教经验丰富的学长学姐，先模仿后创新，先“搬砖”后“盖楼”；充分利用网络在线课程、博客等资源，多去学习技术大咖们的编程思维与编程习惯，化为己用；遇到技术难点时先去博客看看有无类似的问题，将复杂问题分解成一个个小问题，然后逐一解决，最终从技术盲区中积累经验，使得自身能力得到提升。

到了大三，我便开始了解本专业的研究方向，通过查阅相关的综述文献，对该领域的发展历史以及研究现状能够有大致的了解，这些专业敏感性与知识体系对于后续的保研面试起到了莫大的帮助。

最后，感谢母校的栽培与老师的指点，能够让我的自主学习及创新能力得到提升。

青春不只是诗和远方，还有家国和边疆

——记华东理工大学 2016—2018 学年“优秀共产党员”、商学院金融 141 班学生刘佳玮[①]

人物名片：刘佳玮，华东理工大学商学院 2018 届本科毕业生；2012 年 11 月参军入伍，服役于中国人民解放军西藏军区某边防连；曾入选中共中央宣传部“砥砺奋进的五年”大型成就展、上海市优秀大学生士兵风采录；曾获上海市“重走长征路，青春心向党”红色寻访活动先进个人、上海市军事教学检验课一等奖、华东理工大学优秀共产党员、华东理工大学大学生年度人物等荣誉。

西藏的边关风月，见证他携笔从戎的军旅青春；贵州的大山深处，留下他为孩子们奔波操劳的背影；红色的长征路上，有着他对革命前辈的探寻追思；朗朗的象牙塔里，有着他不懈传播的爱国之音。

华东理工大学 2016—2018 学年“优秀共产党员”、商学院金融 141 班学生刘佳玮回首大学时光，觉得充实、值得。人生的道路虽然漫长，但紧要处往往

① 记者李强采写。

只有几步。他一直坚持自己所选择的，相信自己所坚持的。

体验不一样的“苦”

18岁那年，河北农村小伙刘佳玮来到上海，在华理圆了大学梦。然而，读了不到一学期，他选择了参军入伍，选择到西藏服役，并在进藏后选择做一名边防军人。“每个男生都有一个‘橄榄绿’的梦”，“当你走上不一样的路，你才能看到和别人不一样的风景”，但这种不一样也意味着选择吃“苦”。

虽说去之前刘佳玮对这种“苦”早有心理准备，但真正到了驻地，现实的艰难程度还是超出了原本的预估。刘佳玮服役的地方位于中印边境麦克马洪线争议地区。驻地高寒缺氧，他面临的第一个问题就是高原反应。“刚开始每天早上起床时，鼻子都流血，到后来鼻腔每每留有血丝。这种状况持续了近一年。”“在平地跑步拉练，累了的反应是抬不动腿；到了高原，跑不了多久，肺就感到胀痛，有点儿喘不过气。”

身为一名大学生新兵，刘佳玮的身体素质和其他战士相比处于劣势。身体上的种种不适应让刘佳玮下定决心加码锻炼——每晚熄灯以后，做100个俯卧撑、100次深蹲和100个仰卧起坐，做不完就不睡觉。整整一年365天，他坚持“三个一百”从不间断，连大年三十晚上也不例外。

陌生的自然环境、举目无亲的异乡、艰苦的训练生活……“说不苦是假的”，但刘佳玮从未抱怨退缩。一句简单的话语“习惯成自然”背后是每天早起晚睡的额外训练。

“高原虽苦，但想一想老一辈共产党员所吃的苦，就不叫苦；部队虽累，但思一思今夜一家不圆万家团圆，就不再累。”“不把祖国的边防守小，不把祖国的主权守丢。”军人油然而生的爱国情怀和自豪感让刘佳玮丝毫感觉不到苦和累。

自律成为一种习惯

部队给予刘佳玮的不仅是身体体能上的锻炼，更重要的是意志品格上的锤炼。

当兵的两年时间里，刘佳玮多次轮岗。步枪手、迫击炮操作手、文书兼军械员、通信员、新闻报道员、水电工……每个岗位都记录了他的成长。每次换岗也都意味着重新学习和快速适应。就拿做军械员来说，刘佳玮是个彻彻底底的外行。为了达到“一口清”的要求，他就利用休息时间，每天泡在弹药库里，熟悉各种武器弹药。功夫不负有心人，最后他做到蒙上眼睛，随机拿起一种武器弹药，就能立马说出它们的型号、规格、作用等。

“这是部队领导和战友对我能力的认可，我要对得起他们的这份信任。”沉甸甸的责任感让刘佳玮无论在什么岗位，宁愿自己多花点时间和精力，多吃点苦，也一定要把工作做好。他的踏实认真、严于律己的品格刷新了不少战友对大学生兵的认知，在雪域边关打响了上海大学生兵的金字招牌。由于表现突出，他在中印边境面对着鲜红的界碑和党旗庄严宣誓，加入了中国共产党。

脱下军装，刘佳玮没有丢弃军人的优秀品质和意志。他把部队的好思想、好作风、好传统带到学校的学习生活中。

退伍回校重拾学生的身份，刘佳玮面对的最大问题是学习问题。“两年时间没有摸过书本，经常赶不上课程进度。”这让刘佳玮有点灰心，甚至对自己的学习能力产生了怀疑。但他特别推崇部队里常讲的一句话——少说多做，最重要的是做好当下的事情。他凭着在部队里磨炼出来的一股子不怕苦的干劲，利用别的同学休息娱乐的时间抓紧时间学习，终于在学业上稳打稳扎，取得了不错的成绩。

至今，刘佳玮仍然保持着规律的生活习惯：床铺上的被子被叠得四四方方、有棱有角，书桌上和衣橱里的东西被摆放得整整齐齐，作息时间规律。自律已经变成了他一种深入骨髓的习惯。

用行动诠释价值

在完成本职学业的同时，刘佳玮秉持“用生命感动生命，用灵魂唤醒灵魂”的理念，努力发挥一名退伍大学生战士的光和热。“能以自身的行动给周围带来一点儿积极的改变，以自己的实践为社会、为身边的同学做一些事情，我觉得我就没有辜负部队的培养，没有愧对‘党员’这两个字。”

大学的三个暑假，刘佳玮都没有返回家乡。他选择赴贵州山区义务支教，点亮孩子对知识的渴望，将修身报国的信念和自强不息的精神传递给大山里的孩子们；选择重走长征路，爬雪山，过草地，缅怀革命先烈，寻访健在的老红军，亲身去感受、聆听红军长征的艰险与苦难；选择承受考研的孤独和煎熬，重复教室—寝室—食堂三点一线的生活，把每天的复习时间都安排得满满的，最终考取了浙江大学硕士研究生。

作为复学后党支部里仅有的4名党员之一，刘佳玮主动承担起党支部建设的重任。他是21名同学的入党介绍人，严格按照规定，定期了解被推荐人的思想、学习、生活情况。每季度的谈话记录都是他与被推荐人逐个深入谈话后，一字一句地记录上去的。他参与策划的“四进四信”系列党支部活动还获评学校学生党支部“优秀组织生活”。

刘佳玮还主动当起了学校的征兵宣传员，通过“爱国讲堂”、征兵宣讲、主题班会、团日活动等，累计和 6 000 余人分享他从军报国之旅，激发大家的爱国之情。根据他在军营所经历或感受到的真实故事而改编的大型军旅题材话剧《金珠玛米》，让不少观看过的同学深受感动并切身感受到卫国戍边的男儿本色和军人的威严。“刘佳玮身上有一种特殊的凝聚力和积极向上的精神，就像磁石一样。”现在在部队服役的艺术设计与传媒学院学生李方杰说。像李方杰一样，在刘佳玮的影响和带动下，先后有 23 人携笔从戎。“我希望能够通过自己的经历去影响和带动周围的同学体会部队淬铁成钢的魅力。所有这些工作，我想只是一名退伍大学生战士的本职而已。”刘佳玮说。

从校园到军营，再从军营到校园，大学生和军人的双重身份让刘佳玮深知，青春不仅有诗和远方，还有家国和边疆。“学校授予的‘优秀共产党员’称号，既是对我过去工作的肯定，更是对我未来的鞭策。”他觉得称号是一时的，但真正成为一名优秀共产党员是一辈子的事情。

（本文原载于 2018 年 6 月 28 日华东理工大学新闻网）

【心语思】

年轻的我们总会面临很多压力，遇到许多困难，而部队会锻炼我们能够吃苦、敢于吃苦、敢于战胜艰难困苦的能力。离开部队后，面对压力的时候，想想在边境线上巡逻的场景，便会让我更加从容面对、泰然处之。面对困难的时候，想想在高原 5 公里武装越野中坚持到底时的场景，更会让我坚定信念，破浪前行。

我相信，年轻的我们走过的每一条路，吃过的每一点儿苦，都将成为我们毕生的财富。年轻的我们只要把个人的小梦想融入祖国的大梦想，就一定能创造和编织出美好的青春梦、中国梦。

追求卓越，树起党员先锋旗帜

——记华东理工大学2016—2018学年“优秀共产党员”、信息科学与工程学院研究生孟伟强①

人物名片： 孟伟强，信息科学与工程学院2016级研究生、中共党员，曾担任信息学院2016级计算机信号专业党支部书记，入选2017年度中央国家机关大学生（“紫光阁”）实习计划，赴全国人大常委会机关党委实习；获国家奖学金、校优秀共产党员、校十佳青年志愿者等荣誉；自本科入学至今，累计参加志愿活动110余次，志愿服务时间达600小时；目前在龙华烈士纪念馆担任志愿讲解员，累计服务人数达1 500余人次。

20岁入党，转正3个月后就担任党支部书记，读研后仍被选为支书，带领支部赢得学校先进基层党组织的称号；学业上一样力争上游，以总分第一的成绩被保送读研，研究生期间成绩排名专业第二，发表1篇北大核心论文；在学院甚至是学校很多部门，都是老师信任的好帮手……他叫孟伟强，是一个来自

---

① 记者卞慧采写。

山东滨州的农村娃，更是老师、同学眼中的模范共产党员。

学习工作思想，样样力争上游

出生于 1994 年的孟伟强 18 岁考进华东理工大学，就读于信息科学与工程学院计算机科学与技术专业。一进大学，他就铆足了劲儿搞学习，专业排名年年上升：大一专业第七，大二第四，大三第二，大四排到了第一。2016 年，他凭着笔试、面试总分第一的成绩被顺利保送本校读研究生。攻读研究生期间，他专注研究大数据分析与挖掘，学业成绩位列专业第二，曾获得国家奖学金。他的论文被北大中文核心期刊《计算机工程与应用》收录。

因为他出色的学业和工作表现，2017 年暑假，经过学校、共青团中央的严格选拔，他入选中央国家机关大学生（“紫光阁”）实习计划，被选派至全国人大常委会机关党委实习。实习期间，他针对实习单位党建信息化的需求开展走访调研，发挥专业优势，设计了党务工作信息系统模板，形成了 40 余页的党建信息化工作报告，为实习单位党建信息化建设做了不少工作，受到实习单位领导和同事的一致认可。除了领导交办的工作，他还注重学习，在工作中多思、多看、多实践、多总结，下功夫、肯钻研，对实习单位的党建工作提出了多条意见和建议。全国人大常委会机关党委在他的实习鉴定中评价他“用严于律己、虚心好学、踏实肯干的言行，彰显了当代大学生党员严谨自律、勤奋好学、奋发有为的良好精神面貌”。

除了在学习和工作中力争上游，在思想上也是一样。他一上大学就递交了入党申请书，想为身边人、为国家做些事情。大二入党后，看到 2012 级、2013 级本科生联合党支部的支部书记蒋立沫严于律己，关心集体和同学，为班级做了大量的工作，孟伟强告诉自己：“我要向蒋立沫看齐！”由此，他开始了不断提升自己、更好地为大家服务的新旅程。

一名共产党员，就是一面旗帜

2014 年，在北京大学师生座谈会上，习近平总书记勉励广大青年树立和培育社会主义核心价值观，希望青年在勤学、修德、明辨、笃实上下功夫。孟伟强把这句话听到了心里，落实到了行动中。作为一名共产党员，他时刻以党员的标准严格要求自己，首先就是注重学习，以知促行。《习近平的七年知青岁月》这本书他一直放在手边，时常翻开看看。学校和学院党委组织的各种党课、专题学习，比如，“不忘初心、牢记使命，在实现中国梦的生动实践中放飞青春梦想”以及“面向新时代的政治宣言和行动纲领——党的十九大报告精神解读”等专题学习，他都积极参加。

“榜样的力量是强大的。一名共产党员，就应该是一面旗帜。”孟伟强用亲身经历印证了这句话。因为入党后看到身边很多优秀的共产党员，了解到他们的事迹，他常常问自己一个问题：“我能做些什么，才配得上共产党员的身份，才能树起一面旗帜?”他在学习、工作中找到了答案——

本科毕业离校前夕，他在学院 2012 级的 4 个党支部发起组织了“留雅室、存美名、传温馨”特色组织生活，组织党员给同学们发放纸箱，供他们放不想带走的物品，再集中处理。这样，就留下了整洁的宿舍，减轻了宿舍保洁阿姨

的负担，打破了人们“毕业生离校肯定乱作一团”的刻板印象。

2018 年 9 月，他成功申请成为上海龙华烈士纪念馆的长期志愿讲解员。每逢周四和周六，他带着一个接一个的团队，在上下两层共 6 千平方米的展馆里一次次参观。9 月，他已经服务了 100 人次。他说，自从背下解说词，带团参观之后，他更深入地了解了烈士们的壮举，对烈士们的敬意也更强了。

他的第一次志愿服务开始于高一时为参加自主招生考试的学弟学妹们服务，此后他爱上了公益。本科期间，他加入了学校的青年志愿者协会，在上海南站、上海图书馆以及很多国际赛事中参加了 50 余次志愿服务和 40 多次义工活动，被学校评为十佳青年志愿者、优秀义工。他说：“吃苦在前、享受在后、克己奉公、多做贡献，这应当成为每一个共产党员的终身追求。”“孟伟强每年要做十几次公益服务，我们大家都知道。”同学们对他热心公益的行为很是佩服。

一个支部书记，要当好“领头羊”

“研究生分散在不同的实验室，不像本科生集中在班级里，研究生的党建工作要做好不容易。”学院里有多年党建工作经验的魏群老师说，“孟伟强就是个‘领头羊’。他工作主动，善于与人沟通，肯动脑筋，有创新性，总能想办法搞好支部的建设。”

孟伟强把自己热心公益的经验带到了支部书记的工作中。他所在的党支部成员来自计算机科学与技术、信号与信息处理两个专业，被同学们戏称为“预备码农”。这一群“预备码农”们发挥专业的优势，在“学雷锋纪念日”到校园里摆摊，开展“弘扬雷锋精神，电脑义诊服务校园”活动，解答同学们关于电脑选购、软件故障等方面的问题。一天下来，有 30 多人向他们咨询。活动结束后，仍有 20 多名同学通过微信等线上途径咨询问题。

“孟伟强组织大家一起参加公益活动。这种实践性质的组织生活我们特别欢迎。”支部成员杨星光表示。他们支部曾经分 4 个批次组织党员到上海南站、南京西路等地形复杂、人流量大的地铁站开展志愿服务——搀扶行动不便者，帮助行李多的人过检票闸机，帮助外地游客购票，等等。碰到不知道如何用英语表达目的地的外国游客，他们还要通过比比画画的肢体语言“猜谜语”。

他们支部有不少人参加了 2017 年度上海南站春运、中国卫星导航学术年会、上海自然博物馆、全国和谐人机环境联合会议、上海十公里精英赛等大型场馆、会议和赛事的志愿者活动。他们还义务为准备考研的本科生答疑解惑，为本科生的毕业典礼服务……他们说：“在服务社会中实现人生价值，这种感觉真好！”

在一年年的党性锤炼中，支部涌现出一批优秀的学生党员典型：有获得“华为杯”中国研究生电子竞赛上海赛区团队一等奖、中国研究生数学建模竞赛二等奖等奖项的陈旭东、顾王欢、臧大卫、杨心凯，有潜心学术、两年发表 6 篇学术论文的王祺，还有发表 SCI 高水平论文的李明雨……

作为研究生，他出类拔萃；作为共产党员，他把自己练成了一面旗帜，成了同学的榜样；作为支部书记，他打造了一个优秀的团队，带出了一个坚强的战斗堡垒。孟伟强——这个年轻的共产党员，在脚踏实地、追求卓越的道路上树起了鲜明的先锋旗帜。

（本文原载于 2018 年 10 月 26 日《华东理工大学周报》第二版）

【心语思】

做一名合格的研究生，要时刻将学习科学知识、深入研究领域摆在首要位置，另外研究生更强调自主学习、主动学习，因此要学会规划管理时间，主动阅读研究领域的前沿论文，打好坚实的科研基础。

作为一名学生党员，就必须在同学中发挥先锋模范作用，更要多方面、多角度地提升自己，找到一个能够实现个人价值的抓手。所以我在学习工作之余，将志愿服务作为为人民服务、为同学服务的抓手，要对得起党员身份，经得起时间和实践的双重检验。

为何 9 所世界名校将 offer 给了他？

——记华东理工大学优秀硕士毕业生杨越从普通高校到剑桥博士的“华理”转身①

人物名片：杨越，华东理工大学化工学院 2016 级化学工程与技术专业研究生；2019 年，获得剑桥大学、帝国理工学院、洛桑联邦理工学院等 9 所海外名校的博士录取函，即将以全额奖学金赴英国剑桥大学攻读博士学位。大学期间，获得国家奖学金（3 次）、国家励志奖学金、江苏省优秀学生干部等奖励和荣誉。

三年前，他是一所普通本科高校的本科毕业生；如今，他将以全额奖学金赴英国剑桥大学攻读博士学位。他是老师眼中的“潜力股”，同学眼中的“学神教授”，学弟学妹心中的“变量达人”，校友口口相传的“offer 牛人”——收获了来自包括英国剑桥大学、牛津大学、帝国理工大学等在内的 9 所世界名校的录取通知。他就是华东理工大学化工学院 2019 届优秀硕士毕业生杨越。

用三年时间，杨越在华理完成了从“学术小白”到“剑桥博士”的转变。

① 学生记者顾晓彤采写。

在 6 月 28 日举行的华东理工大学 2019 年毕业典礼上，杨越分享了自己的“科研马拉松”经历。

科研梦想从锁定华理起步

三年前，就读于苏州科技大学的杨越，连续三年获得国家奖学金，平均绩点达 4. 2，位居年级第一。虽然拥有令人羡慕的成绩，但是这离自己的科研梦想还有一段距离，为了能够在专业领域有所突破，杨越选择考研深造。

作为一所普通本科高校的学生，下一个科研平台的选择至关重要。学校的名气重要还是专业排名重要？留在苏州还是去往别的城市？为了解决盘旋在心头的艰难抉择，杨越一有空就到班导师办公室找老师交流，积极参加考研分享会，耐心整理高校研究生招生信息。当看到华东理工大学化工学院的招生简章时，杨越仿佛挖到宝藏了一般，产生了要去一探究竟的想法：“这不正是我所期待的科研平台？对，就是它了！”

敲定目标，大三下学期开学伊始，杨越便开启自己为期9个月的备考之旅。为了有一个扎实的理论基础，他计划明确，认真执行，每天早上6点，雷打不动地出现在自习室。“记得备考那年的五一，小伙伴们都出去‘放风’了，全自习室就剩我一个人。”凭着超乎常人的耐心与定力、日日夜夜的刷题模拟，杨越最终以笔试及面试第一的成绩考入华理化工学院。

回忆起考研的那段时光，杨越感叹道：“做学问要多一些坚持，少一些功利主义的追求，要纯粹做事，开心做人。”在考研这场“马拉松”中，杨越弯道超车开启“华理转变”。

千篇论文支撑研究变量

面对研究生阶段的新课题，为了能够早些进入状态，发表文章，刚参加完开学典礼，杨越便将状态调整为学习模式，开启人生中第二段科研“马拉松”。

万事开头难，从材料化学跨专业考到化学工艺还有一段长长的路等着杨越去探索。

“巧妇难为无米之炊，最开始接触理论概念时需要花大量时间查阅教材，实验装置也需要几经摸索才搭建起来。”为了补短板、找思路，杨越每天总结10篇论文，三个多月就把自己专业领域相关的1 000多篇论文刷完，一有思路，便开始预处理并优化废弃物。经过上百次清洗、焙烧，一年之久的反复试错，终于等到了可以提高实验成果质量的好变量。“到目前为止，师弟师妹们也都在用，作为师兄很高兴能帮到大家。”杨越说。

好的开始是成功的一半。突破预处理及优化的瓶颈后，杨越的实验很快便有了数据，应用率高达80%。本以为有这样的好成果，发文章一定是水到渠成的，结果却出乎意料的漫长。“第一篇文章的发表，前前后后被拒绝了10次。”为了做好理论分析，他重新翻阅、对比文献，遇到不懂的地方，便发邮件请教权威学者，功夫不负有心人，这篇文章终于在精心打磨后发表了。“做科研要有面对初稿被改得面目全非的勇气，遇到困难要多琢磨。”

谈及成果，杨越三句话离不开自己的导师施力教授，他既给足学生发展空间，又给予学生温暖臂膀。“很幸运能做老师的学生，科研中老师总说，遇到困难多琢磨，自己想不通了及时和我联系。”

邂逅剑桥开启人生下一站

科研之路要想走得更远，国际视野必不可少，凭着对科研的热爱，杨越萌生了出国深造的想法，这场“马拉松”是他人生道路的又一次转折。

机会总是留给有准备的人，实力则是“准备”的证明。研究生阶段学业成绩名列前茅并获得一等学业奖学金、语言成绩雅思8分、2篇SCI学术论文、2个企业合作项目、连续三年获得国家奖学金、熟练的专业操作技能，一项项“硬件”让杨越获得了多所名校的面试机会。

为了达到“秒回”教授问题的效果，杨越整理了100多页的面试资料，自问自答理思路，时不时还与外教进行模拟面试。“面试的问题我基本上都考虑到了，对答如流的发言给教授留下了好印象。”两个月里，杨越接连收到来自帝国

理工大学、德国马克斯·普朗克研究所的全额奖学金通知，紧接着是瑞士洛桑联邦理工学院、牛津大学、新加坡国立大学等高校的录取通知。

在考虑何去何从之际，杨越意外收到剑桥大学次日面试的通知，虽然只有一天的准备时间，他仍选择尝试。时间紧、任务重，倒时差，调状态，“经历了那么多次面试，1 对 10 的教授群面要平常心对待，四十分之一的录取比例冲一冲没准儿就属于我了。”杨越暗自对自己说。这一冲便冲进了剑桥大学克莱尔学院，并“顺手”获得了占录取名额 5%的全额奖学金。“这些成绩的到来，于我而言，就像见到久违的朋友，高兴但不意外。”

谈及未来，杨越表示希望探索药物材料领域，让更多人减少疾病的折磨。同时，他希望将来能成为国家重大项目的学术带头人，助力国家科技创新；此外，他还希望搭建国际研究平台，促进中外国际科技交流。“人生是场长长的马拉松，耐心就是实力，别怕，终点总会达到！”

（本文原载于 2019 年 6 月 28 日华东理工大学官微）

【心语思】

努力奋斗是我一贯坚守的准则。因为一直坚持不懈，我的整个求学过程呈现着阶梯式的上升。专注于自身能力的提高，专注于人文素养的进步，专注于国际交流能力的拓展，让我成为一个更加自信从容的科研者。

在华理的三年，我收获良多。正是我身边各位有耐心、有爱心的老师们无私的帮助，才让我在荆棘丛生的科研道路上变得越来越自信；正是华理老师们不断的关怀，才让我觉得在华理的生活多么惬意；正是在“学在华理”精神的感染下，才让我明确自己对未来的目标有多么坚定。

习近平总书记曾说：“现在，青春是用来奋斗的；将来，青春是用来回忆的。”“无数人生成功的事实表明，青年时代，选择吃苦也就选择了收获，选择奉献也就选择了高尚。”愿我们都能带着梦想、努力、担当远航！

长路奉献给远方　青春奉献给祖国

——记华东理工大学毕业生徐光鑫的青春梦、援疆梦①

人物名片：徐光鑫，华东理工大学社会与公共管理学院2015级本科生，中共党员，即将赴新疆喀什地区成为一名基层公务员。大学期间，志愿服务累计时间超过400小时，曾获第十五届“挑战杯”全国大学生课外学术科技作品竞赛全国二等奖、上海市一等奖，2018年“创青春”全国大学生创业大赛全国铜奖、上海市金奖，第三届“汇创青春”上海市大学生文化创意作品展示活动二等奖，“华政杯”长三角高校大学生调研大赛一等奖，以及国家励志奖学金、华东理工大学励志奖学金等奖项和荣誉。

“到边疆去，到祖国最需要的地方去。我是这么想的，也这么做了。”作为上海市第一批进疆大学生之一，即将去往上海对口援疆城市喀什成为一名公务员的徐光鑫很骄傲地说起这句话。

徐光鑫是华东理工大学社会与公共管理学院的本科毕业生，有着出色的履

① 学生记者何宇瑶采写。

历：学生活动方面，曾担任华东理工大学创新创业协会副会长；学术竞赛方面，获得过第十五届“挑战杯”全国大学生课外学术科技作品竞赛上海市一等奖、全国二等奖，2018 年“创青春”全国大学生创业大赛全国铜奖、上海市金奖，第三届“汇创青春”上海市大学生文化创意作品展示活动二等奖，“华政杯”长三角高校大学生调研大赛一等奖等；在获奖评优方面，曾获得国家励志奖学金、华东理工大学励志奖学金、社会工作奖 A 等……

如此的优秀足以让他留在上海这样的一线城市里立足和发展，但他却有着自己的想法。

初心｜ 生活不止诗和远方，还有家国和边疆

初中毕业之际，徐光鑫看到了爱因斯坦说过的一句话：“不要希图成为一个成功的人，而要努力成为一个有价值的人。”这句话在他 16 岁的心里埋下了一颗小小的种子。

徐光鑫在河南出生、成长，随着高中时期的知识积累、视野开阔，他开始切身感受到中国区域发展的不平衡，觉得相对于人才荟萃、经济发达的东部地区来说，边疆地区更需要年轻力量和新鲜血液。

有了这样的思考后，在高考填报志愿时，徐光鑫励志报考一线城市，开阔眼界、完善自我后，再回到偏远地区。机缘之下，他来到了华理，学习公共事业管理专业。

从踏进华理的大门，徐光鑫就已经暗下决心："以后无论读书到什么时候，毕业后都到中西部基层去。"

坚定｜　大学四年，心之所向更加明晰

如果说中学时的想法还比较懵懂，大学四年的学习、生活，则使得徐光鑫报效边疆的信念愈加坚定。徐光鑫将原因总结为三个词：感恩、缘分、意义。

2015 年，出生于河南农村的徐光鑫通过国家贫困地区专项计划被华理录取。从小自强自立的他，选择通过生源地无息贷款和勤工俭学来独立完成学业。

饮水思源，徐光鑫希望能通过自己的努力来回报他人。在大学四年，徐光鑫在勤工俭学之余将 400 多个小时花在志愿服务活动上：中国女子足球超级联赛、上海国际马拉松、上海草莓音乐节、中国模拟联合国大会、全国青少年高校科学营、华为全联接大会……这些校内外的赛事、活动，都留下了徐光鑫志愿服务活动的身影。2017 年，他被评为华东理工大学十佳志愿者。

结缘新疆，则源于 2017 年的"创青春"公益竞赛。徐光鑫和几位新疆籍同学一起，发起了一项帮助新疆在沪务工人员的公益项目——帮助他们学习汉语，并为其子女辅导功课等。在和这些受助人员接触的过程中，新疆人民的热情、善良和淳朴都给徐光鑫留下了极深的印象。

"有时候项目小组去新疆饭店吃饭，老板不收钱，还请我们吃手抓饭。"徐光鑫说，愉快的相处、公益项目结下的缘分，使得从未踏入新疆的他已不知不觉向往这片土地。

此外，徐光鑫大学四年的室友、来自中国最西部的县城——新疆克州乌恰县的托合提白克·阿曼，也让他对喀什地区的风土人情有了较为深入的了解。

对于家国情怀，徐光鑫的理解是：人生的意义应该是在满足自己家庭生活的基础上，给这个社会带来一些帮助，而两者也是互相作用的。漂亮的成绩单、获奖证书、活动经历等，不应只是作为求职面试时的敲门砖，更应成为人生舞台的垫脚石。

“3 542 个样本调查，历时两年半的‘挑战杯’学术竞赛让我有更多的机会走进社会，参与社会观察与政策研究；400 多小时的志愿服务、‘创青春’公益实践提升了我对地区扶贫的理性思考，以及对新疆的感性认知；历时四年，5 个校内勤工助学岗位、2 500 多小时的兼职，让我锻炼了能力，也解决了生活开支问题。”回看徐光鑫的大学四年，正是这种知行合一的脚踏实地，促使他做出了人生中重要的一次选择。

未来 | 我去喀什，可能是一辈子

做出一项选择，有支持，也会有反对；有掌声，亦有杂音。面对各种声音，徐光鑫却很坚定。

徐光鑫一家四口人里，父亲和姐姐都很支持他援疆，唯有母亲不赞同。儿行千里母担忧，从上海到喀什，5 200 公里，坐火车都要 24 小时，山高水远加上地域陌生，都让母亲心里不安，表达出反对的态度。而徐光鑫则向母亲讲述了喀什室友在新疆的生活情境，以及往年援疆的学长学姐们的生活状况，用真实的人物事例来打消母亲心中的担忧。

对于未来的工作内容，徐光鑫并不清楚，在经过三个多月的培训后，也许会被分配到乡镇政府进行轮岗，也许会驻村。但不管怎样，他都已经有了思想准备。

援疆工作服务期是五年，很多人问徐光鑫："五年之后你怎么办?"徐光鑫的回答是："五年对我没有约束力，除非新疆不要我，不然就是五年之后再五年……甚至到退休再回东部来。"

"我希望自己能真正地为当地人民群众做一些实事，不急功近利，不好高骛远。"徐光鑫已开通了微信公众号，希望通过分享自己在新疆喀什的所见、所闻、所感，号召更多志同道合的同学一起扎根基层、建设边疆。

胸怀热血、心系家国的少年不会老。相信，在未来的岁月里，喀什的广阔天地一定能让徐光鑫在最好的青春年华绽放出别样的色彩。

（本文原载于2019年6月28日华东理工大学官微）

【心语思】

我们在实践中历经长路，抵达的不是远方，而是内心最初的地方。将学术落实到实践，将志愿与人生事业相结合，通过自己的小小努力，为国家的繁荣稳定做出一点贡献，这就是我的人生理想。在毕业之际，我有了自己的选择。我选择再次背上行囊，再次远行，去到新疆喀什地区做一名基层公务员。我认为，选择边疆更能读懂中国，融入群众更能汲取力量，扎根基层更能行稳致远。

感谢于言，感激于心，感恩于行。作为华理人，我一定会秉承“勤奋求实，励志明德”的校训精神，将母校对我的关爱和帮助传递出去。

一名哈佛直博女生的“三二一”

——记华东理工大学材料科学与工程学院高材155班何恬蕾同学①

人物名片：何恬蕾，华东理工大学材料科学与工程学院高材155班本科生，在校期间获得过优秀学生、优秀学生干部、优秀团员、优秀团干部等荣誉；参与国家级大学生创新创业训练计划项目，作为平均年龄最小的获得“华陆科技·奋进杯”化学类特等奖的团队一员，代表学校参加上海市相关比赛，并获得多项创新类奖项；本科期间参与多个实验室课题，将前往哈佛大学应用物理专业攻读博士学位，并获得全额奖学金。

哈佛！直博！全额奖学金！材料学院高分子材料专业一名大四的女生在本科阶段走到尾声时交上了这样一份成绩单。从一名懵懂的大一新人，到收获哈佛SEAS学院应用物理专业的全额奖学金，她是怎样一步步实现飞跃的呢？

① 记者卞慧采写。

三个暑假　三当“科研实习生”

四年本科，只有三个暑假。这三个暑假做了什么，往往会对大学生的人生走向产生深远的影响。听到何恬蕾三个暑假没有一个用来休息、全都扑到科研工作中时，你会不会惊讶？

这三个暑假，她在校内校外、国内国外，进了三个实验室，当了多次“科研实习生”。

大一暑假，她和两名同班同学想参加半年后的“挑战杯”校内选拔赛，相约找到了化学与分子工程学院的胡军老师。胡军没有因为年纪小拒绝他们，而是耐心指导他们做关于“多功能复合光催化膜”的课题。后来，他们作为最年轻的一组选手，夺得了化学类的特等奖，并代表学校参加上海市级的比赛。

“大学生创新创业训练计划项目最多两年结题，大学这四年还可以做更多的事情。”加上当时已经确立了出国读书的目标，大二暑假前，何恬蕾便向复旦高分子系做生物材料研究的一个课题组递交了申请，获许进组参与研究工作。一位研三的学姐具体指导她。在这位学姐的一篇论文里，何恬蕾还当上了第三作者。

大三寒假时，何恬蕾着手准备申请到美国高校深造。为了了解国外的科研环境，她翻阅了大量的网页和论文，写了 20 多封邮件，寻找到美国高校做暑期研究的机会。包括接收她读博的哈佛 Weitz 教授课题组在内，共有 3 个课题组愿意接收她。刚刚结束期末考试，来不及参加集体搬家，她就登上飞机，开始了第三次“科研实习生”之旅。

两种角色　给同学带来温暖

小何同学除了专心搞科研，还有一个角色——团支书。性格开朗的她和同学们一起，为班级设计了很多有趣又难忘的活动。同学们碰到事情，也喜欢找“老何”，因为“她可以解决很多问题”。

他们班获得过 4 次校级“精品团日”的荣誉。“校级的活力团支部、红旗团支部、十佳团支部，我们都拿过!”皮肤白皙的她笑盈盈地说。

同学王赫说她是“一个很暖的人、贴心的姑娘”。这个优点在很多事情中都能看出来。

比如，大一下学期班里举办“家乡美”团日活动，她在寒假期间就给同学们发信息，请他们发送一张自己的童年照片，并在回校时带一份家乡特产。返校一周后搞活动时，同学们根据童年照片猜人，看视频猜是谁家乡的方言。做“你画我猜”的游戏时，答案都是类似“松鼠”“鳜鱼”这样的，让大家猜是哪位同学家乡的特产。进场时领到同样号码牌的两位同学还可以交换礼物。

这项活动，从设计、准备到进行都很精心细致，也让同学们回忆起家乡的美好。大家在游戏中玩到了一起，班级的凝聚力也不知不觉地增强了。

让同学们记忆深刻的还有大二那年的中秋节活动——做月饼、蛋黄酥。活动对全校学生开放，线上报名的名额几分钟就被抢光了。活动结束时大家说：“虽然没回家，但咱们班也有家的感觉。”

一门心思 “我就喜欢做科研”

“恬蕾不是‘死读书’的孩子。”班导师张琰说她目标明确、思路清晰，进大学后想做科研，就想方设法地了解如何做科研，并一步步实现目标。

从大一“想了解科研，试一试”，到大四申请读博，这样一门心思扑进去，只是因为“我就是喜欢做科研”。

进哈佛后，何恬蕾将继续做生物材料相关方向的研究。为什么选择这个研究方向?

“细胞与细胞不一样，很难控制它们的发展方向。这种不确定性正是生物的有趣之处。”她喜欢这种不确定性。

“科研成果如果能投入应用，是非常有价值的。哪怕只有一点点，也是贡献。”

“而且微观世界特别美。”她指着一张细胞图片，“这是细胞壁，这是细胞质……你看，太美啦!”

为了这种“喜欢”，她付出了很多。除了暑假没有休息，大三第一学期开学后，因为在复旦的研究还在继续，一周中周一、周三、周四在奉贤上课，另外4天她要从奉贤赶到江湾，单程就要花两个半小时。

那几个月里，她回学校时常常赶不上末班校车，只好坐人挤人的海航线，一两点钟才能回到宿舍。那人挤人的感觉连她的晕车症都治好了。

“这种日子，有时候也让我觉得自己要崩溃。但咬一咬牙，还是坚持下来了。”

“勤奋是她最大的优点。”张琰老师的评语很贴切。

明确目标、勤奋追求，何恬蕾一门心思追求科研，担负两种角色，三当“科研实习生”。她的“三二一”，不仅实现了自己的目标，也展示了一种度过充实大学生活的方式。

（本文原载于2019年3月29日《华东理工大学周报》第二版）

【心语思】

华理的宽广天地让我锻炼了全方位的能力，特别是与人交流、展示自我的能力。这些为我后期的科研生活带来了极大的帮助。

勤奋求实，励志明德。华理的校训精神书写华理人的态度。我不相信奇迹，但我相信努力付出一定可以问心无愧。胡军老师的实验室是我起航的港口，这里给予我扎实的基本功，让我学有余力申请其他学校的实验室，确定了科研方向，顺利地联系哈佛大学的教授，完成第一次海外科研实习，最终如愿以偿地拿到哈佛的录取资格。

“我赤手空拳来到人世间，为找到那片海不顾一切。”我喜欢这句话，我想此刻，我已经看到了为之奋不顾身的、荡漾着热爱与理想的，那片海。

她说："把握机会是成功的第一步"

——记第 15 届"21 世纪 · 华澳杯"全国大学生中澳友好英语大赛特等奖获得者谢飞[1]

人物名片： 谢飞，华东理工大学外国语学院 2015 级英语 152 班本科生；在校期间，曾担任上海市优秀大学生创新创业训练计划项目组组长，荣获"21 世纪 · 华澳杯"全国大学生中澳友好英语大赛全国特等奖、国家奖学金等各类省级国家级奖项；曾受邀担任复旦大学演说家之夜活动"特邀嘉宾"；现已被华东师范大学澳大利亚研究中心硕士预录取。

在第 15 届"21 世纪 · 华澳杯"全国大学生中澳友好英语大赛中，华理外语学院英语 152 班谢飞以第一名的优异成绩荣获唯一的特等奖。

成功永远青睐那些有准备的人。正如谢飞的指导老师王慧所说，努力和实力让这个笑容亲和、讲话利落、性格开朗的女孩在强手如林的比赛中脱颖而出。

---

① 学生记者杨少妍、岳明、崔玥采写。

梅花香自苦寒来

“很多时候不是实力不够，而是胆怯和患得患失制约了你。”谢飞最初也是在室友的“怂恿”下，抱着试试看的心态参加了中国（东部）公开辩论赛，自此开启了新世界的大门，进入竞赛的广阔天地。

“即使没有取得很好的成绩，准备时期的训练也会让你受益良多。”她非常享受准备比赛“苦中作乐”的过程。

苦，是指准备比赛的艰辛。“华澳杯”比赛分为已备演讲、即兴演讲与澳大利亚知识问答三大部分。已备演讲稿背熟，推翻，改稿，再背熟，重复了十几次，即兴演讲从“建立套路”到“推翻套路”，对澳大利亚知识从“一无所知”到“信手拈来”，前后一个多月的时间里，她投入了大量的时间和精力，最终以清晰的思路、流畅的语言、敏捷的反应、广博的知识和出色的台风获得评委们的一致好评。

谢飞认为最大的挑战来自即兴演讲。"一开始不了解即兴演讲的规则，说得毫无头绪，甚至时间还没过半就卡壳说不下去了。"于是谢飞开始背诵句子，训练到一看到题目，句子就能脱口而出。在夯实基础之后，她开始有意识地抛弃死板的"套路"，灵活运用起所掌握的知识，构建演讲思路，熟练到可以"随心所欲"的程度。

对于谢飞的勤奋刻苦，指导老师方朝也印象深刻："谢飞的天赋毋庸置疑，但更重要的是她对于演讲的热爱和对于工作的投入。"

乐，是与指导老师相处的愉快时光。在谢飞心里，"不想让老师失望"一直是她的力量源泉。

在校园赛中拔得头筹后，指导老师王慧、方朝、贾卉开始对谢飞进行一对一的强化训练。有时为了节约时间，他们在办公室边吃饭边训练。收集素材、数据及名人名言，演讲稿的内容脉络、用词搭配，甚至每一个音的处理，指导老师们手把手地教，让谢飞从一个零基础的"小萌新"变成了"大佬"。这些都让她受益匪浅。谢飞感慨："是老师的鼓励让我在即兴演讲上重拾信心，是老师的陪伴让我度过了记忆澳大利亚琐碎数据和知识点的时光，是老师的反复推敲带来了已备演讲稿十几个版本的提升。"

把大学生活过成一首歌

从中国（东部）公开辩论赛，到上海高校跨文化能力大赛，再到"华澳杯"演讲比赛……喜欢尝试不同竞赛形式的她，"自从与竞赛结缘以来，感觉大学生活有了全新的定义"。享受竞赛，享受大学生活，谢飞一直努力把大学生活变得丰富而有趣。

竞赛让谢飞更善于积累，把握规律，锻炼思维。相对于长时间高强度的学习方式，谢飞更注重提高学习、工作的效率。"在做一件事时就要专心于此，如果分心，两边都会得不偿失。在正确的时间做好该做的事。"

在英语学习上，除了专业书籍，美剧和英文综艺节目也是她提高英语听说能力的良好材料。"既能愉悦心情，又能培养英语思维，提升语感。"谢飞说，"这其实是一个熏染的过程。熟悉英语思维就对理解平日里难以理解的语法有莫大的帮助。就和我们不懂汉语语法，甚至不知道为什么这么说，但是就是会说的原因一样。”在这次比赛的即兴演讲环节，她就灵活引用美剧《生活大爆炸》里“谢耳朵”扮演者的个人经历来阐述观点，给评委留下了很好的印象。

作为一名英语专业的学生，谢飞把握住了每次海外交流的机会。2016 年曼彻斯特大学暑假交流给她印象最深的，不是课程学习的内容，而是与国外同学度过的无可替代的时光，以及身临其境参观那些以前只能从文字中了解的教堂、古堡、勃朗特三姐妹长大的小镇。此次“华澳杯”比赛特等奖更让她得到了免费赴澳大利亚感受当地文化的机会。“想游览只在课本上见过的悉尼歌剧院，到黄金海岸去转一转……”对此次旅行她已充满期待。

“有想做的事情一定要去做，把握机会非常重要。”这是谢飞对参赛最深的感触，也是她独特的人生法则。以这种积极的态度，加之以不懈的坚持，纵使人生路上困难重重，她也不会停止前进的步伐。

（本文原载于 2018 年 2 月 28 日华东理工大学新闻网）

【心语思】

“华澳杯”比赛领奖之前，我并没有想到自己能有这样的可能。我是一个典型的“后起之秀”——大一、大二成绩平平，直到大三才开始真正“幡然醒悟”。大学的经历让我明白，只要自己不放弃自己，就算开始得晚，老师们也从不会看轻任何一个想要向上的学生。但需要强调的是，“努力”并不是一句口号，而是脚踏实地、扎扎实实、持之以恒地主动耕耘。

决心很重要，但同样重要的还有信心和恒心。比如说，为了成功入围全国赛，我在“华澳杯”校选赛前就已经写了两篇完全不同的稿子，被选上之后又再次重写新稿，且反复修改近二十稿；训练期间更是一周三次找老师，一待就是几个小时，有时甚至午饭都在办公室解决。

将同样的认真、思辨和信念感应用到每一份工作上，我想这就是我的一点小小经验。

解密华理“飞人”的速度与激情

——记华东理工大学体育科学与工程学院许周政同学①

人物名片：许周政，华东理工大学体育科学与工程学院 2013 级本科生；就读期间曾获 2016 年全国大学生田径锦标赛 100 米冠军、2016 年全国田径锦标赛冠军、2017 年全国田径冠军赛 100 米亚军、2017 年全运会接力赛亚军等荣誉，并以 10 秒 29 的成绩成为中国历史上第 30 个进入 10 秒 30 的选手。

6 秒 48，中国田径历史上第二位跑进 6 秒 50 大关的“飞人”诞生！

在 2018 年全国室内田径锦标赛总决赛首日比赛中，来自华东理工大学体育科学与工程学院的许周政以 6 秒 48 的个人最好成绩问鼎男子 60 米决赛冠军。这也是他在 2018 年的全国室内赛中，斩获的第三个冠军。

超越自己是一种怎样的感觉？速度与激情背后有怎样的波折？让我们一起探秘“飞人”的精彩故事吧。

① 学生记者岳明、崔玥、金钰尧采写。

无心插柳，结缘赛道

最早开始与跑步结下不解之缘，是在 2002 年的秋天。

带队到原杨家桥小学进行训练的普陀区少体校冯教练，偶然碰到一群正在跑步的二年级小学生，发现队伍中一个叫许邵凯的孩子跑得很认真，便想让他单独跑跑看。这时，从一旁的树上一溜烟儿跳下一个与许邵凯长得几乎一模一样的孩子，说自己也想试试。询问之下才得知，原来这是许邵凯的同胞哥哥许周政。可能是相中了哥俩的认真劲和敏捷样，一番测试后，冯教练当下就把哥俩都招入了田径队。

自那以后，跑步就变成了许周政生命的一部分。

从刚开始的埋头苦练，到逐步看重训练的质量，体能、速度、爆发力等，每一样都需要经过无数次的打磨和练习，除了能享受过程中的速度与激情，还需要学会与枯燥和汗水相伴，不论多苦多累，他都未曾放松过训练。哪怕是学业繁忙的中学阶段，他也执着地将自己热爱的跑步事业进行到底——文莱中学、

七宝中学的操场上，都有他放学后坚持奔跑的身影。

努力拼搏的日子，既是他跑步生涯的成长经历，也为他带来了可喜的收获：2012 年的全国田径大奖赛（淄博站）上，年少的他就以 10 秒 61 的成绩摘走“百米飞人”桂冠。“这孩子刻苦又有天分，关键是真心热爱田径。”教练对他如此评价道。

伤后复出，突破自我

或许奔跑的路上，总少不了伤痛和意外。2012 年年底，由于不小心滑倒，许周政膝盖后十字韧带断裂，不得不接受手术治疗。手术难度大，康复困难，这无疑是一场巨大的意外“袭击”，热爱跑步的他第一次对未来感到迷茫。

幸好，在家人和教练的支持下，他坚定了信念，决心继续在这条路上“跑下去”。为了保持好状态，术后第二天，许周政就忍着疼痛开始做一些简单的力量训练。酷暑寒冬，清晨傍晚，都能看到他一瘸一拐慢跑的身影。在恢复过程中，他严格执行教练制订的康复计划，没有落下任何一天的训练任务。

经过一年多的康复训练，“飞人”重返赛场，回到了梦开始的地方。苦心人，天不负，在 2016 年全国田径锦标赛（天津站）中，20 岁的他就以 10 秒 29 的成绩获得男子 100 米冠军。这也是他术后第一次实现个人成绩的突破。“当时没有想过能拿第一名”，轻松的心态让他一路跑进决赛，“决赛时先跟随脚步，后面发力反超”。

坎坷波折没能阻止许周政重返赛场，反倒让他逆流而上。

运动相伴，为心之长

在许周政的成长过程中，校园和训练场是贯穿始终的背景色。

“学校让我在训练的同时有了学习的机会，也正是通过学习，我对体育的认知更加清晰，越发坚定了在体育这条艰辛的道路上走下去的决心。”对于大学，

他有着自己的理解。

同样，持之以恒的刻苦训练，也让他深切地理解了只有付出才有回报。“想要成为一个高水平运动员需要付出很多，首先就是生活上要绝对的自律。”小到出门活动、日常饮食等，都要时刻记住自己运动员的身份。

作为全民健身理念的忠实拥护者，他也希望学弟学妹们放下手机，多出门运动，珍惜在华理这个大家庭的日子，“有了健康的身体，才能有效地学习工作，更好地陪伴家人朋友”。

4 月份的到来，意味着全国田径室外比赛将陆续展开。“2018 年室外赛 100 米的目标就是希望能突破自己的最好成绩，10 秒 29。”谈到未来，许周政眼神里充满期待：“想不断提高自己的运动水平，有朝一日加入国家队主力阵容，为国争光。”

通过自己的努力不断突破速度的极限，许周政很享受速度与激情这种奇妙的感觉，这条跑道，还在不断地延伸。

（本文原载于 2018 年 4 月 18 日华东理工大学新闻网）

【心语思】

进入大学后，华理的老师们就给予我很多指导和帮助，让我在训练的同时有了学习的机会。也正是通过学习，我对体育事业的认知更加清晰，越发坚定了在这条艰辛道路上走下去的决心！

我的训练生涯并不是一帆风顺——大学期间，因为不小心受了一次十分严重的伤。在我最低落的时候，是家人、教练和老师的鼓励，让我重拾信心战胜伤病，重新站在了自己最喜爱的跑道上。

2016 年，我以“黑马”的姿态出现在赛场上，即以 10 秒 29 的成绩取得了全国田径锦标赛百米冠军的头衔，并在 2018 年以 6 秒 48 的成绩成为上第二个跑进 6 秒 50 关卡（60 米）的亚洲人。这一切都和教练、老师的悉心教导密不可分，非常感谢学校给予我的培养和关爱！

在未来的职业道路上，我会继续发扬学校“勤奋求实，励志明德”的校训精神，为学校、祖国增光添彩！

迷彩点燃我青春

——记华东理工大学优秀大学生义务兵、信息科学与工程学院学生石勇参军前后[①]

人物名片：石勇，华东理工大学信息科学与工程学院学生，2014年至2016年应征入伍，其间参加“跨越-2015·朱日和”军事演习、“中巴集训队”、集团军特战侦察集训队，获得“优秀士兵”荣誉称号。返校后参与创建ECUST军团，参演话剧《金珠玛米》，获得2017年华理大学生年度人物提名奖及2018年华理榜样力量代言人等荣誉。

打了火箭筒，开了装甲车，当过特种兵，参军两年，石勇直呼“很过瘾”！超常的体能在军营磨砺中激活，坚毅的心智在精英集训中铸就，原来的腼腆自卑早已被“舍我其谁”的劲头取代，如今身形挺拔健美的石勇淡定而自信：“不管遇到什么困难，我都能挺过去！”

① 记者石翎采写。

机会来了!

当兵，成为真正男子汉！小时候，石勇就做起了这个梦。那时，他常听爷爷讲起当年当兵的故事，对军人崇拜得不行。

从村小、县中到区重点高中一路奋斗，2013 年 9 月，石勇从重庆的一个小村庄来到了华理。大一时漂浮于大城市和大学生活的茫茫海洋里，对未来，石勇一时还摸不着头脑。但他很快找到了新的人生坐标——大一下半学期学校的征兵宣传让他找到了圆梦军营的机会。

2014 年 9 月，他如愿成了一名大学生义务兵，在云贵高原上开始了为期两年的军旅生涯。

军人值得敬佩!

部队地处海拔 2 000 米以上，气候干燥，且易产生头晕心慌等轻度高原反应。这是石勇入伍后面临的第一个挑战。6 点起床，22 点熄灯就寝，每天早操列队跑 5 公里，然后开展各项军事训练，每晚还要完成“3 个 100”（100 个俯卧撑、100 个仰卧起坐、100 个深蹲）……新兵连的训练立即开始了。石勇适应得很快，良好的身体素质、不怕苦不怕累的意志品质，很快让他冒了尖。规律的作息时间、满满的日程安排，也令石勇感到分外充实。

“部队要求高度团结统一，非常注重培养团队精神。这令我受益匪浅。”石勇表示。

一年一度的冬季野营拉练，石勇经历了两次。全副武装负重 20 多千克，每天冒着风雪严寒翻山越岭徒步 30～50 公里，一走就要走上十多天。脚打泡了就用针挑破，继续撑着走。有时候山上都没有路，要靠先头部队探完路再走。晚上就睡帐篷，第二天起床时帐篷都已经洇湿了，就连睡袋表面也都湿掉了。

梦想光荣，但现实严酷。参军后，除了接受高强度的训练，石勇曾多次目睹战友亲人去世却无法回家送别的遗憾与伤心，但是当兵的人都深知“穿上军装就必须承担责任”。“以前只是觉得军人是神圣的、保家卫国的。现在感到军

人真的挺辛苦、挺伟大的。”石勇说。

朱日和军事演习，毕生难忘！

“当兵不去朱日和，穿上军装又如何？”2015年8月下旬至9月末，“跨越-2015·朱日和H”实兵对抗演习在内蒙古大漠展开。石勇作为蓝军的一员参加了演习。

“朱日和训练基地是我军最大的、现代化程度最高的、最接近真实战场的训练基地。能参加演习机遇难得！”石勇回忆，当时随先头部队坐了三四天的火车于深夜抵达朱日和，执行驻扎、侦察等任务。战士们连夜奋战，卸载了几十辆东风军用车以及弹药等物资装备，而后坐上刚卸下的东风车立即开拔至野战弹药库。他们在大漠腹地穿行，四周一片荒芜，风沙巨大。路途艰险，战士们魔术头巾、防风眼镜、头盔全副武装，仍然满头满脸满身是沙，前方道路基本上看不清楚，稍不留神就有可能翻车或撞车。到达目的地后，只见拉着迷彩伪装

网的野战弹药库与哨兵正严阵以待，“那一刻如临战场!”石勇至今记忆犹新。

演习结束后，石勇和战友们在朱日和基地观看了纪念抗战胜利 70 周年大阅兵。退伍返校后观看建军 90 周年朱日和沙场阅兵，石勇看到曾经战斗过的地方时，一种自豪感便油然而生。

挑战极限，真金不怕火炼!

仅凭一根抓绳，徒手攀登上三层楼只需 20 秒，2 秒就能从三楼速降到地面；步枪 100 米精确射击，手枪 50 米精确射击；半小时能做 1 000 多个仰卧起坐，半小时能做 600 多个俯卧撑……参加首届国际体能与战斗效率集训队与特战侦察集训队后，石勇练就了许多真功夫。他说：“集训辛苦但更锻炼人!”

集训队从全旅挑尖子，训练强度和难度大大加强。在首届国际体能与战斗效率集训队，每天 5 点钟起床后就要跑 10 公里，下午跑个十几公里也是家常便饭。除此之外，还有一系列战斗技能训练，比如障碍跑、过铁丝网、抱弹药箱、跨水坑、匍匐前进、鱼跃前滚翻、投手榴弹等。在特战侦察集训队，射击、爆破、侦察、狙击、攀登、速降、格斗、武装泅渡……石勇接受了一系列特种兵训练。

10 个脚指甲里 5 个有淤血还得继续坚持；双手磨出大血泡，挑破后继续训练；负重瞄准训练一动不动，站或跪到手脚麻木无感……“每天都在咬着牙坚持，每天都在突破极限”，这是石勇对集训生活的描述。他说，集训中途好几次都有人支撑不下去自动退出了。

2016 年 10 月 18 日，22 名官兵组成的中国陆军代表队从云南飞赴巴基斯坦，参加首届国际陆军“体能与战斗技能”竞赛。来自 16 个国家、19 支参赛队的 326 名队员激烈角逐。最终，我军代表队获得 3. 2 公里越野跑、引体向上、战斗技能测试三个单项的团体第一名，同时包揽了战斗技能测试个人成绩前三名。这其中就有曾和石勇并肩训练的战友。

“这样的拼搏和永不放弃的坚持是以前从没有体会过的。若不是因为 2016 年 9 月退伍，如果比赛没有从 9 月推迟至 10 月，我相信自己一定能坚持到最后，为国争光!”石勇不无遗憾地表示。

兄弟们，团结起来！

退伍回校后，曾经的迷茫已完全消散，人生目标日渐清晰，石勇经常感到“时不我待”。于是，他一边积极投身学习，一边发挥特长投入健身运动。他学习成绩名列前茅，获得综合课程三等奖学金，还参加了国家级大学生创新创业训练计划项目。他曾在“海上花岛”上海健身健美公开赛上荣获男子健体高校A组亚军，并且取得了国家级专业健身教练资格。但最令他感到高兴的是，身边有一群当过兵的伙伴。

从几个“兵友”一起出早操，到十几个，再到现在的四十多个，在石勇发起之下，慢慢地，学校里当过兵的学生开始凝聚起来，共同组建了“伊卡斯特军团”（ECUST 军团）。他们受邀参演了华理大型原创军旅题材话剧《金珠玛米》，其中精彩的军事训练与拳术表演广受好评，并屡次获邀亮相于学校晚会等各类文艺演出。“当过兵的人都谈得来，在 ECUST 军团的组织下，我们更加有归属感了。同时，我们也想通过这个平台，去讲军营故事，去传递军中精神，让军中绿花在华理绽放。”石勇表示。

（本文原载于 2018 年 4 月 26 日华东理工大学新闻网）

【心语思】

2013 年来到华理，6 年时间一晃而过，我本平凡，依旧平凡，只因为这两年军旅生涯多了几分精彩，多了几分回忆。军队主张“见第一就争，见红旗就扛”，我照做了，即便满身伤痕，即便血汗交加。军队怎么可以没有血性！男人怎么可以没有血性！别人可以的，你我也可以。从大一的“迷茫”，到军队的“淬炼”，返校后的我如同“涅槃重生”。返校后的几年里，我每一天都能感受到毕业的临近，于是尽可能充实自己。荣誉加身，使我惶恐，自觉不如，但也鞭策我向前，永不止步。的的确确，迷彩点燃了我青春，燃得很旺，让我热血翻滚，投入全部的激情做我想做的以及该做的事。

感恩华理！感恩部队！

两代人的华理情缘　做中斯友谊的传播者

——记斯里兰卡留学生、华东理工大学化工学院硕士研究生德山①

人物名片： 德山，斯里兰卡籍留学生，华东理工大学化工学院2017级硕士研究生，油气储运工程专业，本科阶段学习自动化专业，获上海市政府外国留学生奖学金A等。父子两代均为华理人，其父白萨那曾在华东理工大学完成本科、硕士及博士研究生学业，现为宁波市政府的专家学者团成员，积极推进斯里兰卡科伦波港与宁波港之间的合作，荣获2007年宁波“茶花奖”。

乌黑的寸头显得格外精神，灿烂的笑容总是挂在嘴角，炯炯的目光中透露着友好。他来自斯里兰卡，说着一口流利的汉语，是一个“中国通”；他与华东理工大学有着一段“不解之缘”，是留学生中的“华理二代”。这位阳光帅气、志向高远的大男孩名叫德山，是化工学院油气储运专业的一名硕士研究生。

同学们时常称德山为留学生中的“华理二代”，主要是因为德山的父亲白萨那也是一位“华理人”。他们父子两代人希望用知识架起中国和斯里兰卡两国友

---

① 学生记者顾晓彤采写。

谊的桥梁，做两国友谊的传播者。

两代人的“华理梦”

1983 年 9 月，高中毕业的白萨那由于成绩优异，获得了斯里兰卡国家留学奖金，带着梦想，他来到中国。为了克服语言障碍，白萨那专门到北京汉语培训机构系统学习，从拼音到词句再到段落一点一点提升积累，最后顺利通过了汉语水平测试。满怀着对化学化工的热爱，白萨那顺利来到华东理工大学，完成了本硕博的课程学习。

时隔 29 年，循着父亲的脚步，儿子德山也来到了这里求学。“中国与斯里兰卡两国友谊十分深厚，中国人民也很热情，来中国留学是最好的选择！”德山说。

德山高三那年，父亲带着他来到华理。“第一次到华理，有种莫名的亲切感。”德山微笑着说。校园内整齐排列的梧桐、实验楼里名目繁多的仪器、食堂

的红烧肉……华理的一切都给他留下了深刻的印象。梦想的种子在这一刻被种下，高中毕业后，德山选择了华理。

一晃6年时间过去了，德山现在已经是一名研二学生。一有时间，德山的父亲就会来到华理，父子在校园里散散步，聊一聊最近发生的新鲜事。德山手机里一直保存着一张合照，照片里他和父亲都穿上了学位服，这也成为两代人“华理梦”的最好见证。

留学生中的“资深”华理人

学校每年举办哪些常规活动，哪个食堂的饭菜更可口，如何在图书馆检索文献……6年时间，德山对中国传统文化有了更深入的了解，对华理也产生了更深刻的情感。现在，德山有了一个特别的绰号——留学生中的“资深”华理人。

回忆起本科时在奉贤校区读书的时光，德山饶有兴致：“本科的学习生活丰富多彩，在课堂上学习专业知识，在活动中遇到志同道合的小伙伴，在节日中感受到了中国文化的魅力，那真是段美好的青春记忆。”

德山本科的专业是自动化。他说：“我最喜欢自动控制系统和PLC控制实验课，这门课一举多得，除了找到未来的研究方向，还帮助我跨越了不少语言难关呢!”教科书是中文的，在预习的时候，德山比别的同学慢很多，查字典、借助软件工具，“龟速”勉强完成预习作业；课堂上，遇到不懂的地方便拍下来，或者在讨论的时间请教老师；课后，再次查阅字典，将笔记中的英文转化成中文。点滴积累，经过一学期的学习，德山取得了优异的成绩，语言水平也有了明显的提高。这位“龟速”行进的同学，不仅跟上了“大部队”，还有望成为“领队人”。

除了学习，德山的课余生活也十分充实。本科的时候，德山作为留学生代表团的成员参加了校龙舟赛。为了这场比赛，他每天热身后下湖“演练”，和队友不断磨合。比赛的日子到了，龙舟队的每个成员都目视前方，铆足劲儿，动作一致地向前划动船桨。“一二一，一二一”，功夫不负有心人，在大家的默契配合下，队员们取得了四等奖的好成绩。

本科毕业后，德山选择继续留在华理深造。他还做了一个重要决定——转专业。从自动化专业转向油气储运工程专业，除了兴趣外，德山考虑更多的是斯里兰卡需要这个专业的人才。“青年留学生应该有时代担当，这是我在华理学到的珍贵品质。”

做两国友谊的传播者

德山父亲白萨那初来中国时，华理周围还没有通上地铁，出去一趟要等好久的公交；宿舍里没有空调的冬夏，总是格外难熬；查阅网络文献只能到指定的地方，来中国的留学生不是很多，中国与斯里兰卡的合作项目也少之又少。

2012 年，德山来到上海读书，学校周边的环境跟父亲记忆中的模样早已大相径庭。骑 5 分钟左右的共享单车，即可到达地铁一号线和三号线；空调进宿舍，热水设备正紧锣密鼓地在安装着；足不出寝就可以查阅文献，来中国留学

的学生越来越多了，中国与斯里兰卡的合作项目从政治、经济拓展到更广的领域。

白萨那博士毕业后从事国际教育培训工作，他希望给斯里兰卡留学生提供更多来中国读书的机会，增进两国的友谊。后来，白萨那加入宁波市政府的专家学者团，积极推进斯里兰卡科伦波港与宁波港合作，最终签下了历史性的合同，对两地经济发展起到重大的推动作用，并因此荣获 2007 年宁波“茶花奖”。

在父亲的影响下，德山也具有“实干”精神。本科毕业的暑假，他来到宁波开启了实习之旅。多年的口语练习，帮助德山顺利通过中金石化公司的面试，进入了梦寐以求的自动控制系统管理部。“实习期间，我最深的感受就是学校所学的理论知识都能用上。将四年所学转化成生产力的愿望终于实现了。”这次实习也坚定了德山继续深造的想法。

研究生阶段的德山，一直积极参加两国友好交流活动。首届中国国际进口博览会上，可以看到德山活跃的身影，在斯里兰卡场馆，他用流利的汉语为中国参观者介绍斯里兰卡的特色产品；工作之余，德山抱着学习的心态参观其他国家的场馆，当遇到与专业相关的产品时，他驻足观察并与国际友人探讨产品的制造原理。有了进博会的工作经历，德山对未来的规划更加清晰了——用知识架起两国友谊的桥梁，坚持做两国友谊的传播者。

（本文原载于 2019 年 2 月 13 日华东理工大学新闻网）

【心语思】

我 1994 年出生于中国上海，几个月后父母带我回到了斯里兰卡。2008 年父亲带我到北京看奥运会，从那时候起，我就一直想到中国留学。在中国学习非常美好，在华理，学习上遇到不懂的地方，老师会耐心细致地为我讲解，同学们会热情地分享学习经验。课余时间我喜欢参加龙舟赛，喜欢和中国的同学一起打乒乓球，在这里我交到了很多新朋友，让我感受到了浓浓的中国情。

我现在是一名在读研究生，我的导师给了我很多帮助，让我收获很多，但我还有更多的知识要学。华理每年都给留学生奖学金资助，并全力支持我们做研究项目。我特别感谢中国政府和学校给我们提供经济资助和安全的学习环境。未来，我希望用学术架起两国友谊的桥梁，多参加两国之间的合作项目，坚持做两国友谊的传播者。

留学生中的“中国文化迷”

——记老挝留学生、华东理工大学社会与公共管理学院博士研究生南湘①

人物名片：南湘，老挝籍留学生，华东理工大学社会与公共管理学院博士研究生，研究方向为社会工作学。2014年来到中国，开始了在华东理工大学的求学生涯。她性格活泼开朗，喜欢唱歌和跳舞，喜爱中国美食。她由衷热爱中国的传统文化，喜欢学京剧、唱京剧，被同学们称为“中国文化迷”。

音乐响起，全场一片安静，只见一个头戴凤冠、身穿女蟒、手拿折扇的旦角迈着小碎步，走上台来，一个定式后，便随着鼓弦唱起了：“海岛冰轮初转腾，见玉兔，玉兔又早东升，那冰轮离海岛，乾坤分外明，皓月当空……”唱罢，台下便响起了雷鸣般的掌声。这是华东理工大学2019年小年夜京剧《贵妃醉酒》四平调选段的演出现场，演唱者是来自老挝的“京剧迷”——南湘。

南湘是华东理工大学社会与公共管理学院的博士生，来华留学已经有五年

① 学生记者顾晓彤采写。

多，从小就喜爱中国传统文化，本科毕业后便决定通过学习汉语来到她向往的国度，学习知识文化。来华理读书的这几年，南湘不仅拿下汉语等级证书，在今年小年夜更是唱起了“高级汉语”——京剧，赢得在场师生的一致认可，同学们都称她为“中国文化迷”。

学习汉语来到中国

南湘与中国的缘分从一部电视剧——《包青天》开始。“很喜欢《包青天》这部电视剧，这部剧让我看到了中国人的侠义公正的气概、有东方韵味的中国古典服饰，从那时起，我便对中国这个古老而神秘的国度感到好奇，想要到中国去看一看。”

汉语是来到中国的“敲门砖”，要想“烧”好汉语四级考试这块砖，听力、阅读、写作得样样精通。对于南湘而言，汉语四级中最难的要数汉字了，方块字很美但是也有点“高冷”，为了打动“她”，南湘早起朗读汉字，上课时一遍一遍地临摹字帖，晚上临睡前还要反复播放中文歌曲训练听力。功夫不负有心人，在一天天的磨炼烧制中，南湘突破了汉字瓶颈，最终凭借优异的成绩通过了汉语等级考试。

现在，汉语已经融入南湘的生活。课堂上，看中文文献，用汉语和老师同学讨论课题，她都应对自如；留学生文化节上，她化身“导游”，用一口流利的中文向中国学生介绍老挝的美食、服饰、古代传说；生活中，用俚语、网络热词、表情包等趣味汉语和朋友微信聊天。

汉语敲开了南湘认识中国的大门，把她带到了向往的国度，更架起了她了解中国文化的桥梁。

学习知识回报社会

拿下汉语四级考试证书后，南湘意识到一纸证书的单薄，要想真正了解博大精深的中国文化，需要积累深厚的文化知识，于是便萌生了留学的打算。自从有了这个念头，南湘便留意各大学校招生网站，准备申请材料，向有类似经历的朋友请教，在一次次翻阅、询问、投递材料后，南湘终于收到了一个可喜的通知——您已通过华东理工大学的留学申请。自此，她便与华理结下了不解之缘。

谈及研究生涯，南湘说："我是一个三跨研究生——跨国、跨专业、跨层次。"从老挝到中国东部的上海；从管理学到社会学；从硕士研究生到博士研究生。

回忆起硕士学习时光，南湘最大的收获是关怀备至的师生情谊，其次才是日渐丰富的知识储备。南湘说："在硕士阶段，不仅学到了丰富的管理知识，更让我感受到了华理师生对留学生的关怀，我也想像他们一样用自己的知识帮助别人，来回报社会。"

临近研究生毕业时，南湘得知一门"助人自助"的专业在招博士留学生，便抱着学习的态度去和老师交谈，由近代理论聊到现代知识，由中国社会现状聊到老挝的社会现状。当了解到老挝十分需要这方面人才时，南湘便决定继续深造，用知识回报社会。

现在南湘已经是一名社会工作专业的博士生，主要研究老挝的社会工作。理论方面，南湘翻阅大量文献，聚焦国民与社会生态环境互动，立足于社会扶贫，旨在储备老挝社会工作发展进程方面的知识；实践方面，南湘计划跟进中国“一带一路”项目，对老挝的社会现状进行调研，将储备的知识转化成服务社会的力量。

文化传播表演“高级汉语”——京剧

除了学习，南湘的课余生活也十分丰富。学院迎新晚会的歌曲串烧，国际文化节的老挝舞蹈表演，传统节日的即兴演出……5 年的时间，南湘始终保持着对中国文化的热情，今年小年夜更是表演起了“高级汉语”——京剧。回忆起小年夜的京剧表演，南湘说：“京剧文化太美了，谢谢老师给了我展示中国文化的机会。”

为了在不到一个月的时间内表演好《贵妃醉酒》选段，南湘反复揣摩每个细节。每周末到京剧协会“加课”学习背景知识，接受资深票友的指导；私下跟着师妹反复练习唱腔，气沉丹田，嘴巴张大，口腔打开，找咬苹果的感觉，“鼻腔发音是京剧表演中最难的地方了，这里我下了很大的功夫”；斟酌模仿戏曲人物情态，“海岛冰轮初转腾”，便要入戏地望向天空；跟着奏乐老师合节拍，把握韵律；抽空赏析相关音频，体味人物情感。

演出的日子到了，南湘早早便扮上了戏服行头，入迷地顺戏词，练神情，身轻如燕，甚至感知不到华美头饰的重量。音乐响起，正式登台，轻抖水袖，眼神一定，便唱起“海岛冰轮初转腾，见玉兔，玉兔又早东升……”，标准的唱腔、优美的姿态、动人的神情将观众带入梦幻盛唐之境。音乐结束，台下响起了热烈的掌声。一位在场的中国学生情不自禁地感叹：“如果不是主持人介绍，我还以为是位中国学生的表演呢，太专业了！”

演出结束后，卸下妆饰的南湘，反而不太适应头顶的“轻松”，她说：“戏服头饰实在是太美了，我以后也要收藏一套，仔细研究一下其中的中国美学。”

谈及文化，南湘表示，除了继续参加京剧协会，还希望接触更多的中国传统文化，像茶艺、短笛等，她都想了解，对于保温杯泡枸杞这样的民俗养生文化，南湘也同样津津乐道，并希望将中国文化介绍给自己的同胞。除此之外，南湘希望能有更多机会展示老挝文化，也欢迎更多的中国留学生来到老挝进行国际文化交流。

（本文原载于 2019 年 4 月 12 日《华东理工大学周报》第三版）

【心语思】

为了实现梦想，我选择来到中国，来到上海求学；为了更好地学到知识，我选择了华理。在华理我遇到了很多可爱的老师和同学，他们时时刻刻帮助着我，让我学到很多知识。我喜欢我的专业——社会工作学，希望通过专业学习，充实自己，完善自己，学成毕业后回到我的国家，回报国家和社会。我希望能多在华理学习知识，多去中国的各个城市走走看看，体验感受中国的魅力。

后　记

在编撰本书时，一个问题其实一直萦绕在我们的脑海：当我们在谈论榜样的力量时，我们想表达什么？究其实，核心与关键在于真实。在真实面前，一切华丽的辞藻都会显得苍白。榜样之所以优秀，榜样的故事之所以具有感染力，正由于它写的是真人真事，是我们看得见、摸得着、学得到的身边的人物。所谓榜样的力量，应该是行动的力量、建设的力量、改变的力量，是一股子气、一股子劲，是用自己一次次的行动，在平凡的岗位上写出不平凡的人生华章。

在我们的校园里，总有那样的一种精神，它引领着我们砥砺奋进；总有那样一股力量，它鼓舞着我们勇敢前行；总有那么一种品格，它驱使着我们坚持不懈。这，就是榜样的力量。榜样人物以不同的人生，诠释着相同的“底色”——或勤奋上进，或敬业爱岗，或温暖他人，或奉献社会。宣传榜样的事迹，展示他们的共性和特性，我们希望能有更多的读者从他们的故事中体会百样人生，习悟人生智慧，汲取信心和力量，学习榜样，超越榜样。因此，当我们读懂了榜样的“精神密码”，我们也就可能会变成“他”，变成“他们”。这个世界会变得更美好吗？榜样是答案，我们自己更是答案。

本书最终得以付梓，离不开学校的大力支持，离不开各位受访师生校友的帮助，同样也离不开众多校内单位与师生的关心和鼓励，在此一并致以谢忱。同时，成文作品都必然有遗憾之处，对于因时间、条件、能力所限而带来的种种不足，还望诸位读者海涵并提出宝贵意见，以利后续改进提高。